AF141324

# Schriften des deutschen Vereins

für

# Armenpflege und Wohltätigkeit.

**Siebenundneunzigstes Heft.**

Die gesetzliche Regelung der Aufgaben der öffentlichen Armenpflege.

Verlag von Duncker & Humblot.
München und Leipzig 1912.

# Die gesetzliche Regelung der Aufgaben der öffentlichen Armenpflege.

**Hauptbericht,**

vorgelegt von

Bürgermeister **E. v. Hollander** in Mannheim

und

Stadtrechtsrat **Dr. K. Sperling** in Mannheim.

**Mitbericht,**

erstattet von

Bürgermeister **Dr. Thode** in Stettin.

Verlag von Duncker & Humblot

München und Leipzig 1912.

Altenburg
Pierersche Hofbuchdruckerei
Stephan Geibel & Co.

# Inhaltsverzeichnis.

# Hauptbericht,

erstattet von

Bürgermeister E. v. Hollander-Mannheim

und

Stadtrechtsrat Dr. K. Sperling-Mannheim.

---

# Einleitung.

Am 22. September 1905 wurde auf der 25. Jahresversammlung des Deutschen Vereins für Armenpflege und Wohltätigkeit in Mannheim auf Grund eines umfassenden ausgezeichneten Referats von Dr. Buehl-Hamburg und Rat R. Flemming-Hamburg, denen sich für die Rechtsgebiete von Bayern und Elsaß-Lothringen Rechtsrat Fleischmann-Nürnberg und Bürgermeister Dr. Schwander-Straßburg als Mitberichterstatter anschlossen, über „Die heutigen Anforderungen an die öffentliche Armenpflege im Verhältnis zur bestehenden Armengesetzgebung" verhandelt. In der langen und anregenden Diskussion kamen in bezug auf die der öffentlichen Armenpflege zu ziehenden Grenzen lebhafte Meinungsverschiedenheiten zum Ausdruck. Schließlich nahm die Versammlung die nachstehenden Leitsätze an, und zwar den Satz 2 mit Einstimmigkeit, die Sätze 1 und 3 gegen eine nicht ganz unbeträchtliche Minderheit:

1. Die öffentliche Armenpflege hat die Fürsorge für alle armenrechtlich hilfsbedürftigen Personen unter Berücksichtigung der gesundheitlichen und der Verarmung vorbeugenden Anforderungen der Gegenwart sicher zu stellen. Diese Fürsorge ist sowohl im Gesetz über den Unterstützungswohnsitz als auch im bayrischen Armenrecht begründet und tatsächlich durchführbar.

2. Die Armenpflege in Elsaß-Lothringen entspricht — mit Ausnahme der Fürsorge für Kinder und Geisteskranke — nicht den obigen Anforderungen. Für sie ist dringend die Einführung des Reichsgesetzes über den Unterstützungswohnsitz zu fordern.

3. Im übrigen wird eine künftige Reform der Armengesetzgebung auf bessere Gewähr für die allseitige und gleichmäßige Erfüllung der an die Armenpflege zu stellenden Anforderungen, insbesondere durch Schaffung leistungsfähiger Armenverbände und durch Zentralisation der Aufsicht über die Ausübung der Armenpflege, Bedacht zu nehmen haben. Als letztes Ziel ist eine einheitliche deutsche Armengesetzgebung ins Auge zu fassen.

Seit jener Verhandlung in Mannheim sind jetzt sieben Jahre dahingegangen. Inzwischen hat der Leitsatz 2 dadurch in befriedigender Weise seine Erledigung gefunden, daß das Reichsgesetz über den Unterstützungswohnsitz durch Gesetz vom 30. Mai 1908 mit Wirkung vom 1. April 1910 in Elsaß-Lothringen eingeführt worden ist und daß die Aufgaben der Armenpflege dortselbst durch das Elsaß-Lothringensche Ausführungsgesetz vom 8. November 1909 geregelt worden sind. Dagegen ist zur

Verwirklichung der im 3. Leitsatz gestellten Forderungen noch nichts geschehen, obgleich mittlerweile die zwischen den Landesgesetzen in bezug auf die Begrenzung der Aufgaben der öffentlichen Armenpflege bestehenden Verschiedenheiten auf der Jahresversammlung in Königsberg bei Behandlung der Organisation der Jugendfürsorge Gegenstand erneuter Erörterungen geworden sind. In der Tat sind diese Verschiedenheiten für die Gestaltung der kommunalen Jugendfürsorge von grundlegender Bedeutung. Außerdem wird anerkannt werden müssen, daß die Leitsätze 1 und 3 in bezug auf die Abgrenzung zwischen der Reichs- und Landesgesetzgebung Unklarheiten enthalten, die beseitigt werden müssen, wenn den Anregungen praktische Folge gegeben werden soll. Es ist nicht einzusehen, inwiefern das Reichsgesetz über den Unterstützungswohnsitz die Fürsorge für alle armenrechtlich hilfsbedürftigen Personen unter Berücksichtigung der gesundheitlichen und der Verarmung vorbeugenden Anforderungen der Gegenwart begründet und sicher stellt, da doch über die Art und das Maß der zu gewährenden öffentlichen Unterstützung allein die Landesgesetze zu bestimmen haben (U.W.G. § 8), und da diese Landesgesetze doch, insbesondere soweit es sich um die sogenannte vorbeugende Armenpflege handelt — dazu gehört in erster Linie die Jugendfürsorge — vielfach voneinander abweichende Bestimmungen getroffen haben. Ferner aber kann eine künftige Reform der Armengesetzgebung auf bessere Gewähr für die allseitige und gleichmäßige Erfüllung der an die Armenpflege zu stellenden Anforderungen, insbesondere durch Schaffung leistungsfähiger Armenverbände und durch Zentralisation der Aufsicht über die Ausübung der Armenpflege, nur durch die Gesetzgebung der einzelnen Bundesstaaten erfolgen, während das „letzte Ziel" der einheitlichen deutschen Armengesetzgebung doch wohl von der Reichsgesetzgebung zu erwarten sein wird.

Sowohl in den Referaten der beiden Hauptberichterstatter, als in der sich anschließenden Diskussion trat im Jahre 1905 die Frage der gesetzlichen Regelung der Grenzen der öffentlichen Armenpflege in den Hintergrund. Die Berichterstatter kamen zu dem Resultat, daß die moderne, der Zeitströmung folgende Entwicklung der öffentlichen Armenpflege den bestehenden Rechtsnormen über Art und Umfang der Armenpflege keineswegs vorausgeeilt sei, sondern daß die Praxis vielmehr hinter den bestehenden gesetzlichen Möglichkeiten zurückgeblieben sei und den ihr durch das Gesetz gegebenen Rahmen bei weitem noch nicht ausgefüllt hätte. Sie verneinten daher direkt die Notwendigkeit einer solchen gesetzlichen Regelung, und in der Diskussion wurde diese Notwendigkeit auch von keiner Seite betont. Die Meinungsverschiedenheiten, die in der Verhandlung zutage traten, drehten sich um die prinzipielle Abgrenzung des Gebietes der öffentlichen Armenpflege von dem der sozialen Fürsorge und der freien Liebestätigkeit. Diese Frage ist allerdings die grundlegende und muß entschieden sein, bevor man mit bestimmten Anforderungen an die Gesetzgebung herantritt. Allein ein praktisches Resultat in bezug auf eine gleichmäßige Abgrenzung dieser Gebiete kann nur durch die Gesetzgebung erreicht werden. Bei der Verhandlung vom 22. September 1905 ist die in dieser Beziehung unter den Landesgesetzen bestehende Verschiedenheit und die dadurch bedingte abweichende Beurteilung dieser Abgrenzung zu wenig berücksichtigt worden. Wenn die Sorge für Unterricht, Erziehung und Erwerbsbefähigung der Kinder auch eine gesetzliche Aufgabe der öffentlichen Armenpflege ist, so bekommt diese dadurch einen ganz anderen Charakter, als wenn ihr nur die Beseitigung eines schon eingetretenen dringenden materiellen Notstandes auferlegt ist. Der vorbeugende Charakter der öffentlichen Armenpflege ist damit in viel entschiedenerer Weise betont, als dies auch bei weitestgehender Interpretation dort möglich ist, wo die Aufgaben der Armenpflege auf Gewährung von Obdach, dem unentbehrlichen Lebensunterhalt, der erforderlichen Pflege in Krankheitsfällen und einem angemessenen Begräbnis beschränkt werden. Es ist darum gewiß angebracht, im Anschluß an das verdienstvolle Referat von Buehl und Flemming und die damals stattgehabten Erörterungen die Frage einer gesetzlichen einheitlichen Regelung der Aufgaben der öffentlichen Armenpflege einer erneuten Prüfung zu unterziehen.

# Erster Abschnitt.

## Die gesetzlichen Grundlagen für den Umfang der Leistungen der öffentlichen Armenpflege.

Über die Zuständigkeit der Reichs- und Landesgesetzgebung in bezug auf das Armenwesen herrscht vielfach Unklarheit. Diese Unklarheit ist dadurch hervorgerufen, daß das Reichsgesetz über den Unterstützungswohnsitz wichtige Gebiete des Armenrechts in grundlegender Weise regelt, und daß im § 8 U.W.G. die durch das Reichsgesetz nicht geregelten wichtigsten Fragen des Armenwesens — Zusammensetzung und Einrichtung der Ortsarmenverbände und Landarmenverbände, Art und Maß der im Falle der Hilfsbedürftigkeit zu gewährenden öffentlichen Unterstützung, die Beschaffung der erforderlichen Mittel usw. — ausdrücklich der Landesgesetzgebung überwiesen worden sind, woraus man den Schluß gezogen hat, daß diese Überweisung auf einem freiwilligen Verzicht der Reichsgesetzgebung zugunsten der Landesgesetzgebung beruhe. Diese falsche Annahme wird durch eine nicht ganz klare Ausdrucksweise einzelner Autoritäten auf dem Gebiete des Staats- und Verwaltungsrechts unterstützt. In Arndt, Staatsrecht des Deutschen Reichs, wird auf S. 52 ausgeführt, daß der im Art. 3 der Reichsverfassung rücksichtlich der Armenversorgung gemachte Vorbehalt durch das R.G. über den U.W. hinfällig geworden sei. „Seitdem sind die Reichsangehörigen — abgesehen von Bayern — hinsichtlich der Armenversorgung gleichgestellt." Der letztere Satz kann und soll offenbar nur besagen, daß in jedem einzelnen Bundesstaat die Armenversorgung der Reichsangehörigen ohne Rücksicht auf ihre Staatsangehörigkeit die gleiche sein muß. Dagegen kann bei der Verschiedenheit der landesgesetzlichen Bestimmungen von einer allgemeinen Gleichstellung sämtlicher Reichsangehöriger in bezug auf die Armenversorgung zurzeit nicht die Rede sein. In dem bekannten und mit Recht allgemein geschätzten Kommentar zum U.W.G. von G. Eger (6. Aufl. 1909) heißt es in der Anmerkung 18 zu § 8 des Gesetzes: „Die Notwendigkeit gemeinsamer Rechtssatzungen auf dem Gebiete der Armengesetzgebung hat zwar zu einheitlichen Vorschriften über den Erwerb und Verlust des U.W. für das gesamte Bundesgebiet, sowie zur Konstituierung eines gemeinsamen höchsten Gerichtshofes für interterritoriale Armenstreitsachen geführt. Leider aber sind sehr wichtige Gebiete des Armenrechts der Gesetzgebung der Einzelstaaten überlassen worden. —

Das U.W.G. überläßt der Landesgesetzgebung in diesen in § 8 bezeichneten Gebieten die Bestimmung." Diese Ausführungen müssen den Glauben erwecken, als ob das U.W.G. auch diese Gebiete hätte regeln können. Das ist aber, wie in nachstehendem ausgeführt werden soll, nicht der Fall. Die Darstellung über Entstehung und Zweck des U.W.G. bei Laband, Staatsrecht des Deutschen Reiches 5. Aufl. 1911 1. Bd. S. 187, bei v. Roenne, Staatsrecht des Deutschen Reiches 2. Aufl. 1876 § 14, und bei Krech, Textausgabe des U.W.G. mit Anmerkungen 7. Aufl. 1908, gibt, wie ausdrücklich bemerkt sei, zu solchen Mißverständnissen keinen Anlaß.

Es muß demgegenüber festgestellt werden, daß die Reichsgesetzgebung auf dem Gebiete des Armenwesens überhaupt nicht zuständig ist, wie ihr beispielsweise auch das Gebiet des Schulwesens nicht untersteht. Im Art. 4 der Reichsverfassung sind diejenigen Angelegenheiten einzeln aufgezählt, die der Beaufsichtigung seitens des Reiches und der Gesetzgebung desselben unterliegen: das Armenwesen findet sich nicht darunter. Wenn im Kommentar von Arndt zum Art. 4 R.V. in Anmerkung 3 gesagt ist, daß die Aufzählung der der Reichsgesetzgebung unterworfenen Gegenstände nicht erschöpfend ist, so bezieht sich das nur darauf, daß auch in den Art. 75, 76 und 78 R.V. noch Gegenstände der Reichsgesetzgebung genannt sind, die der Art. 4 nicht aufgezählt hat. Darüber aber besteht keine Meinungsverschiedenheit, daß eine ausdrückliche Bestimmung der R.V. notwendig ist, um die Zuständigkeit der Gesetzgebung des Reiches zu begründen. Soweit die Reichsverfassung eine solche Bestimmung nicht getroffen, ist die Landesgesetzgebung und zwar nur die Landesgesetzgebung zuständig. Das gilt auch vom Armenwesen.

Die Zuständigkeit des Reiches zum Erlaß des Unterstützungswohnsitzgesetzes ist in dem beschränkten Umfange seiner Wirksamkeit durch die Art. 3 und 4 der R.V. wohl begründet. Nach Art. 3 R.V. besteht für ganz Deutschland ein gemeinsames Indigenat mit der Wirkung, daß der Angehörige eines jeden Bundesstaates in jedem anderen Bundesstaate als Inländer zu behandeln und demgemäß zum festen Wohnsitz, zum Gewerbebetriebe, zu öffentlichen Ämtern, zur Erwerbung von Grundstücken, zur Erlangung des Staatsbürgerrechts und zum Genusse aller sonstigen bürgerlichen Rechte unter denselben Voraussetzungen wie der Einheimische zugelassen ist. Im Absatz 3 des Art. 3 R.V. wird daran der Vorbehalt geknüpft, daß diejenigen Bestimmungen, welche die Armenversorgung und die Aufnahme in den lokalen Gemeindeverband betreffen, durch den ausgesprochenen Grundsatz nicht berührt werden. Der Art. 4 R.V. bestimmt alsdann, daß der Beaufsichtigung seitens des Reichs und der Gesetzgebung desselben die Bestimmungen über Freizügigkeit, Heimat- und Niederlassungsverhältnisse, Staatsbürgerrecht, Paßwesen und Fremdenpolizei unterliegen.

Zur Ausführung dieser Verfassungsbestimmungen wurde nach Konstituierung des Norddeutschen Bundes zunächst das Bundesgesetz über die Freizügigkeit vom 1. November 1867 erlassen. Dieses Freizügigkeitsgesetz bestimmte im § 4, daß eine Gemeinde nur dann zur Abweisung eines neu Anziehenden befugt ist, wenn sie nachweisen kann, daß derselbe nicht hinreichende Kräfte besitzt, um sich und seinen nicht arbeitsfähigen Angehörigen den notdürftigen Lebensunterhalt zu verschaffen, und ferner in § 5, daß die Fortsetzung des Aufenthalts versagt werden kann, wenn sich nach dem Anzuge die Notwendigkeit einer öffentlichen Unterstützung offenbart, bevor der neu Anziehende an dem Aufenthaltsort einen Unterstützungswohnsitz (Heimatsrecht) erworben hat. Hiermit war der Zusammenhang zwischen Freizügigkeit und Unterstützungswohnsitz gegeben, und es ergab sich daher die Notwendigkeit, auch die Bedingungen für den Erwerb und den Verlust des Unterstützungswohnsitzes bundesgesetzlich zu regeln.

Der Bericht der Kommission des Reichstages des Norddeutschen Bundes, betr. den Entwurf eines Gesetzes über den Unterstützungswohnsitz, äußert sich über diese Frage wie folgt:

„Der Zusammenhang der Absätze 3 und 4 des Art. 3 und des Eingangs mit Nr. 1 des Art. 4 der Verfassung ist also augenscheinlich der, daß die bezeichneten Absätze den Vorbehalt enthalten, welcher die Beschränkung der unmittelbaren Konsequenzen des Bundesindigenats ausdrückt, und daß Art. 4 die Bundesgesetzgebung ermächtigt, die Materien, innerhalb deren sich jener Vorbehalt bewegt, neu und selbständig von Bundeswegen zu ordnen mit der dem Bundesrechte innewohnenden Kraft, daß die Bundesgesetze den Landesgesetzen vorgehen (Art. 2 der Verfassung des Norddeutschen Bundes), im Zusammenhange mit dem Freizügigkeitsgesetz."

Der gleiche Kommissionsbericht führt ferner aus:

„Stellt dergestalt das Freizügigkeitsgesetz in der Negative fest, unter welchen Voraussetzungen ein Norddeutscher wegen Hilfsbedürftigkeit von dem frei gewählten Aufenthaltsorte hinweggewiesen werden kann, so läßt es ungelöst die folgenden Fragen:

1. Welches ist derjenige Ort, an den der nach dem Freizügigkeitsgesetz Auszuweisende hinzuweisen ist, und welches ist der Ort, von dem, welches sind die Voraussetzungen, unter denen, auch der Hilfsbedürftige nicht ausgewiesen werden kann?

2. Wie regelt sich unter den möglicherweise konkurrierenden Orten die öffentliche Pflicht, diejenigen Leistungen zu gewähren, welche kraft staatlichen Zwanges als Folge der Hilfsbedürftigkeit eintreten?

Die positive Lösung dieser Fragen in ihrem prinzipiellen und systematischen Zusammenhange, untereinander und mit den angrenzenden Rechtsgebieten, wurde als die Aufgabe des vorliegenden Gesetzes anerkannt.

Daß die Erfüllung dieser legislatorischen Aufgabe in ihrem ganzen Umfange der Bundesgesetzgebung verfassungsmäßig zusteht, konnte nach dem vorausgeführten nicht zweifelhaft sein. In der Kommission sind im allgemeinen Einwendungen hiergegen von keiner Seite erhoben worden, wenn auch bei der Spezialdiskussion ein Separatvotum abgegeben worden ist, das die Art. 3 und 4 der Verfassung in anderer Weise auffaßt, als in dem von der Kommission adoptierten, eben erörterten Sinne.

Auch darüber war man einig, daß die Aufgabe des vorliegenden Gesetzes es folgeweise nicht sein könne, sich über das gesamte Gebiet der öffentlichen Armenpflege zu erstrecken, daß dieses Gebiet vielmehr nur insoweit zu betreten sei, als der Zusammenhang mit der Lösung der vorbezeichneten Frage dies innerlich bedinge."

Hiernach erscheint außer Zweifel gestellt, daß die Beaufsichtigung und die Gesetzgebung in bezug auf das gesamte Armenwesen den einzelnen Bundesstaaten zusteht und daß einzig und allein die Frage des Unterstützungswohnsitzes wegen ihres untrennbaren Zusammenhanges mit der Freizügigkeit der Regelung durch das Reich auf dem Wege der Gesetzgebung unterliegt. Auf diesen Standpunkt hat sich das Unterstützungswohnsitzgesetz gestellt. Der § 8 des U.W.G., der die Gebiete angibt, auf denen die Landesgesetzgebung zuständig ist, hat keinen rechtsbegründenden Charakter[1]. Wenn die Bestimmung des § 8 im U.W.G. fehlen würde, so wäre die Rechtslage genau die gleiche. Es handelt sich dabei um Kompetenzen, die nach der Reichsverfassung den Einzelstaaten zustehen und die ohne Änderung der Reichsverfassung durch kein Gesetz auf das Reich übertragen werden können. Eine Erweiterung der Zuständigkeit der Reichsgesetzgebung auf diesem Gebiete ist nur durch eine Änderung der Reichsverfassung möglich.

Das Unterstützungswohnsitzgesetz hat darum auch eine Zwangspflicht der Armenverbände zur Unterstützung nicht seinerseits festgesetzt, wohl aber sie als selbstverständlich vorausgesetzt, wie sie in der Tat in den einzelnen Bundesstaaten schon bestand. Das Prinzip der unbedingten Unterstützungspflicht im Falle der Hilfsbedürftigkeit im Gegensatz zum sogenannten Voluntarismus ist ein Prinzip, das auf den übereinstimmenden Landesgesetzen beruht, nicht auf dem Reichsgesetz[2]. Im § 28 U.W.G. ruht die Betonung nicht auf dem Worte „muß", sondern auf den Worten „vorläufig" und „demjenigen", er regelt die Frage, welcher Armenverband vorläufig unterstützend einzutreten hat, und diese Frage unterliegt, wie in dem zitierten Bericht der Reichstags-

---

[1] Wenn im Kommentar von Wohlers-Krech zum § 8 U.W.G. in Anm. 1 gesagt ist: „Die Landesgesetze müssen sich innerhalb der durch § 8 gezogenen Grenzen halten," so können wir dem nicht zustimmen. Sämtliche Gebiete der Armenpflege unterstehen der Landesgesetzgebung, soweit sie nicht durch das U.W.G. geregelt sind. Im § 8 sind nur besonders wichtige Gebiete ausdrücklich aufgezählt.

[2] In dieser Beziehung können wir der Darstellung von Buehl und Flemming auf S. 13 und 14 ihres Referats nicht zustimmen. Wir halten die Bestimmung des § 28 nicht für eine lex imperfecta. Die Zwangspflicht des § 28 U.W.G. ist eine Verbindlichkeit des öffentlichen Rechts, und der korrelate Anspruch erwächst nicht den hilfsbedürftigen Personen, wohl aber den konkurrierenden Organen der öffentlichen Armenpflege.

kommission überzeugend ausgeführt ist, der Kompetenz der Reichsgesetzgebung.

Aus dem Dargelegten folgt auch, daß der Begriff der „Hilfsbedürftigkeit“ einzig und allein durch die Landesgesetze bestimmt werden kann. Eine reichsgesetzliche Definition des Begriffes der „Hilfsbedürftigkeit“ ist unmöglich. Was Hilfsbedürftigkeit ist, entscheidet sich vielfach nach der Art und dem Maß der zu gewährenden Unterstützung. Die Unfähigkeit, das Schulgeld für die Kinder zu bezahlen, kann nur dort eine „Hilfsbedürftigkeit“ des Familienvaters begründen, wo die Sorge für den Unterricht der Kinder zu den gesetzlichen Aufgaben der Armenpflege gehört. Der aus dem § 4 des Freizügigkeitsgesetzes hergeleitete Begriff der Hilfsbedürftigkeit ist für die armenrechtliche Hilfsbedürftigkeit nicht maßgebend. Der § 4 des Freizügigkeitsgesetzes spricht nur von dem Mangel des „notdürftigen Lebensunterhalts“. Das ist der engste Begriff der Hilfsbedürftigkeit, der überhaupt denkbar ist. Wie man diesen Begriff auch definieren will: der Mangel des „notdürftigen Lebensunterhalts“ wird immer unter ihn fallen. Der nach den Landesgesetzen zu bestimmende Begriff der Hilfsbedürftigkeit ist in allen Einzelstaaten ein weiterer. Die Unterstützungspflicht tritt nicht nur bei dem Mangel des notdürftigen Lebensunterhalts ein, sondern überall auch da, wo es an der erforderlichen Pflege in Krankheitsfällen und an einem angemessenen Begräbnis fehlt.

Wie hat nun die Landesgesetzgebung in den einzelnen Bundesstaaten den Umfang der Leistungen der öffentlichen Armenpflege und demgemäß den Begriff der Hilfsbedürftigkeit geregelt? Es lassen sich in dieser Beziehung im wesentlichen zwei Gruppen von Bundesstaaten unterscheiden. Die eine größere Gruppe beschränkt nach dem Vorgang von Preußen die Aufgaben der öffentlichen Armenpflege auf die Gewährung von Obdach, dem unentbehrlichen Lebensunterhalt, der erforderlichen Pflege in Krankheitsfällen und auf ein angemessenes Begräbnis. Die andere, hauptsächlich durch die Mittelstaaten Sachsen, Württemberg und Baden[1] vertretene Gruppe erweitert diese Aufgaben durch Einbeziehung der Erziehung und des Unterrichts der Kinder, wenngleich die Abgrenzung in den einzelnen Staaten eine sehr verschiedene ist.

Der grundlegende § 1 des preußischen Ausführungsgesetzes zum U.W.G. vom 8. März 1871 lautet folgendermaßen:

> „Jedem hilfsbedürftigen Deutschen ist von dem zu seiner Unterstützung verpflichteten Armenverband Obdach, der unentbehrliche Lebensunterhalt, die erforderliche Pflege in Krankheitsfällen und im Falle des Ablebens ein angemessenes Begräbnis zu gewähren.
>
> Die Unterstützung kann geeigneten Falles, solange dieselbe in Anspruch genommen wird, mittelst Unterbringung in einem Armen- oder Krankenhause, sowie mittelst Anweisung der den Kräften des Hilfsbedürftigen entsprechenden Arbeiten außerhalb oder innerhalb eines solchen Hauses gewährt werden.“

---

[1] Dasselbe ist auch in Bayern der Fall.

Diese Bestimmungen des preußischen Ausführungsgesetzes sind mit einzelnen ganz unwesentlichen Abweichungen im zweiten Absatz wörtlich übernommen von den Ausführungsgesetzen folgender Bundesstaaten: Hessen (Ges. v. 14. Juli 1871 Art. 1), Sachsen-Weimar (Ges. v. 23. Februar 1872 § 4), das zu Oldenburg gehörige Fürstentum Lübeck (rev. Gem.Ord. v. 30. März 1876 Art. 77 § 1), Braunschweig (Ges. v. 5. Juni 1871 § 1), Sachsen-Meiningen (Ges. v. 24. Februar 1872 Art. 1), Sachsen-Altenburg (Ges. v. 3. Juni 1871 § 1), Sachsen-Koburg-Gotha (Ges. v. 31. Mai 1871 § 1), Schwarzburg-Sondershausen (Ges. v. 25. Januar 1872 § 4), Schwarzburg-Rudolstadt (Ges. v. 23. Juni 1871 § 3), Waldeck (Ges. v. 29. Juni 1871 § 1), Reuß ä. L. (Ges. v. 1. Juli 1878 § 1), Reuß j. L. (Ges. v. 21. Juni 1871 § 1), Schaumburg-Lippe (Ges. v. 7. März 1872 § 1), sowie neuerdings Elsaß-Lothringen (Ges. v. 8. November 1909 §§ 1 und 2). Es sind dies — abgesehen von dem Fürstentum Lübeck — zusammen 14 Bundesstaaten mit ca. 45½ Millionen Einwohnern, wovon 40 Millionen auf Preußen entfallen. Es verbleiben mithin, ohne das nicht in Betracht kommende Bayern, noch 11 Bundesstaaten mit ca. 12½ Millionen Einwohnern, in denen der öffentlichen Armenpflege außer den im preußischen Gesetz aufgezählten Aufgaben in mehr oder weniger weitem Umfange auch die Erziehung und der Unterricht der Kinder zugewiesen ist.

Wenn wir zunächst die Bestimmung des § 1 Absatz 1 des preußischen Ausführungsgesetzes zum U.W.G. näher ins Auge fassen, so werden wir erkennen, daß sie keine unter allen Verhältnissen und zu allen Zeiten gleichmäßig geltende Norm aufstellt. Da das Obdach auch zum notwendigen Lebensunterhalt gehört, werden drei Pflichtleistungen der Armenverbände aufgezählt.

Sie haben zu gewähren:

1. den unentbehrlichen Lebensunterhalt,
2. die erforderliche Krankenpflege,
3. ein angemessenes Begräbnis.

Es wird nicht gesagt, was zum „unentbehrlichen" Lebensunterhalt gehört, worin die „erforderliche" Krankenpflege besteht und was wir unter einem „angemessenen" Begräbnis zu verstehen haben. Alle diese Begriffe sind relativer Natur und werden nach den Umständen des Falles, nach den Ortsgewohnheiten und nach den jeweiligen Zeitverhältnissen sehr verschieden aufgefaßt werden. Wenn z. B. das Bundesamt für das Heimatwesen in mehreren Entscheidungen früherer Jahre und zuletzt in der Entscheidung vom 9. Januar 1892 [1] die Verabfolgung von Fußbekleidung an arbeitsfähige Personen nur unter besonderen Umständen als notwendige Armenunterstützung angesehen hat, so ist schon in einer Entscheidung vom 22. November 1902 [2] ausgesprochen, daß selbst einem zerlumpten Vagabunden die Gewährung notdürftiger Fußbekleidung,

[1] 24, 108.
[2] 39, 79.

zumal in der Winterszeit, nicht vorenthalten werden kann. Bei den Vertretern unserer Städte wird es heute keinem Zweifel mehr unterliegen, daß die Beschaffung lederner Fußbekleidung zum unentbehrlichsten Lebensunterhalt gehört, wie das vom B. A. f. d. H. W. bezüglich einer großen Stadt (Hamburg) auch schon in der Entscheidung vom 29. Mai 1892 anerkannt worden ist. Zum „unentbehrlichen Lebensunterhalt" gehört heute sehr viel mehr als vor 40 Jahren bei der Abfassung der betr. Gesetze angenommen wurde, gehört in den modernen Großstädten mehr als in den Landgemeinden des Ostens. Über diese Unterschiede kann die Verwaltungspraxis und die Rechtsprechung sich nicht hinwegsetzen. Am deutlichsten tritt diese Wandlung zu Tage, wenn wir den Begriff der „erforderlichen" Krankenpflege ins Auge fassen. Wer hätte vor 40 Jahren daran gedacht, daß diese Bestimmung dazu benutzt werden könnte, den Armenverbänden die in den meisten Fällen den Betrag von 300 Mark übersteigenden Kosten einer mehrmonatlichen Kur in einer Lungenheilstätte aufzubürden? Als die vielbesprochene Entscheidung des B. A. f. d. H. W. vom 19. Oktober 1901 in Sachen Hamburg/Schönebeck dies zum ersten Male tat, machte sich auch bei den auf sozialem Gebiete am meisten vorgeschrittenen Armenverwaltungen zunächst großes Erstaunen und lebhafter Widerspruch geltend, ein Widerspruch, der noch auf der Versammlung des Deutschen Vereins für Armenpflege und Wohltätigkeit in Mannheim im September 1905 zu lebhaftem Ausdruck kam. Nachdem das B. A. f. d. H. W. aber bei seinem Standpunkt verblieben ist und ihm in mehreren Entscheidungen, insbesondere in dem Urteil vom 17. November 1906 in Sachen Charlottenburg/Lissa[1] in gleichbleibender Praxis dahin Ausdruck gegeben hat, daß die Unterbringung einer lungenkranken Person in einer Heilstätte trotz der langen Dauer der Kur in dem Falle eine pflichtgemäße Aufgabe der Armenverwaltung sei und einen Erstattungsanspruch gegen den endgültig verpflichteten Armenverband begründe, „wenn nach dem ärztlichen Gutachten dieses Heilverfahren das einzige Mittel ist, von dem eine Heilung oder wesentliche Besserung des Krankheitszustandes zu erwarten ist," beginnt der Widerspruch allmählich nachzulassen, und der vielbesprochene Grundsatz ist, wie uns scheinen will, auf dem Wege, auch bei den Armenverwaltungen allgemeine Anerkennnung und Geltung zu finden.

Im übrigen ist es nicht erforderlich, in diesem Bericht die Aufgaben der Armenpflege in den durch das preußische Ausführungsgesetz gezogenen Grenzen — also die Begriffe Obdach, notwendiger Lebensunterhalt, erforderliche Krankenpflege und angemessenes Begräbnis — näher zu erläutern. In dem Bericht von Buehl und Flemming ist das im zweiten, dritten und vierten Abschnitt mit Beziehung auf die Rechtsprechung des Bundesamts für das Heimatwesen und auf die Praxis der Armenverwaltungen in eingehender Weise geschehen. Wir können um so eher auf die bezüglichen Abschnitte des vortrefflichen Berichts verweisen und

[1] 39, 50.

auf jede Wiederholung verzichten, als wir auch in bezug auf den vertretenen Standpunkt den Verfassern vollkommen zustimmen.

Dagegen müssen wir die gesetzlichen Bestimmungen über die Aufgaben der Armenpflege in denjenigen Bundesstaaten ausführlicher erörtern, die dem preußischen Ausführungsgesetz vom 8. März 1871 nicht genau gefolgt sind, sondern die der Armenpflege noch weitergehende Aufgaben insbesondere in bezug auf die Erziehung und den Unterricht der Kinder zugewiesen haben. Es sind das immerhin 11 Bundesstaaten mit zusammen ca. 12½ Millionen Einwohnern, also durchaus kein unbeträchtlicher Teil des Deutschen Reiches.

Im Königreich Sachsen bestimmt die Ausführungsverordnung vom 6. Juni 1871 im § 1:

„Die Heimatbezirke des Königreichs Sachsen sind Ortsarmenverbände im Sinne des Bundesgesetzes.

Es bewendet bei den landesgesetzlichen Bestimmungen über deren Bildung und Organisation, über die Armenversorgungsbehörde und deren Geschäfte, über die Grundzüge der Armenpflege und die Mittel zur Armenversorgung."

Die landesgesetzlichen Bestimmungen finden sich in der Armenordnung vom 22. Oktober 1840. Der § 33 dieser Armenordnung bezeichnet als die verschiedenen Gegenstände der Armenpflege:

1. Verabreichung von Almosen,
2. Krankenpflege,
3. Kindererziehung,
4. Verschaffung von Unterkommen,
5. gänzliche Versorgung.

Nicht jeder Arme hat schon deshalb, weil er arm ist, Anspruch auf Unterstützung, sondern nur derjenige, welcher sich außerstande befindet, durch eigene Kraft und Tätigkeit die zum Leben erforderlichen unentbehrlichen Bedürfnisse sich selbst zu verschaffen und nur soweit als dieses der Fall ist (§ 23). Der arbeitsfähige Arme muß zur Tätigkeit angehalten werden, die öffentliche Unterstützung darf den Armen nur das „schlechterdings Unentbehrliche" gewähren. Von großem Interesse ist die Bestimmung des § 25:

> Um den Entstehungsursachen der Verarmung soviel wie möglich vorzubeugen, ist denjenigen, welche durch häusliche oder persönliche Umstände in vorübergehenden Notstand versetzt werden, unter solchen Umständen zeitiger Beistand zu leisten[1].

Es ist ferner Sache der Armenbehörden, den arbeitswilligen und -fähigen, aber arbeitslosen Armen lohnende Arbeit zu verschaffen (§ 27).

Bezüglich der Kindererziehung wird festgesetzt, daß arme Waisen, zu deren Versorgung und Erziehung keine privatrechtlich verpflichteten

---

[1] Der moderne, von einzelnen prinzipiell bekämpfte Standpunkt der sogenannten „vorbeugenden" Armenpflege ist danach in Sachsen schon durch das Gesetz vom 22. Oktober 1840 vertreten.

Angehörigen vorhanden sind, oder deren sich sonst niemand freiwillig anzunehmen geneigt ist, entweder in den vorhandenen Waisenhäusern oder auf Kosten der Armenkasse in ehrbaren Familien unterzubringen sind (§ 49 Absatz 1). Die Verpflichtung der Armenverbände zur Entrichtung der Hälfte des Schulgeldes für schulfähige Kinder armer Eltern (§ 50 Absatz 1) ist durch das Gesetz vom 15. April 1886 aufgehoben und den zur Unterhaltung der Schulen verpflichteten Gemeinden übertragen worden. Dagegen sind die Armenverbände verpflichtet, nach vollendeter Erziehung der Waisen deren bürgerliches Fortkommen dadurch zu begründen, daß sie die zur Aufnahme als Lehrlinge unentbehrlich nötigen Kosten für Bekleidung, Handwerkszeug und dergleichen darreichen. Dabei sind sie nach einer Entscheidung des B. A. f. d. H. W. nicht verpflichtet, ein Lehrgeld für diese Lehrlinge zu bezahlen [1].

In Württemberg ist die Armenpflege durch das Ausführungsgesetz vom 17. April 1873 und die auf Grund desselben erlassene Instruktion vom 30. Mai 1878 geregelt. Das Gesetz bestimmt die Aufgaben der Armenpflege im Art. 1 in genauer Übereinstimmung mit dem § 1 des Preußischen Ausführungsgesetzes. Dagegen bestimmt die Instruktion im § 1, daß bei Kindern sich die Verpflichtung der Armenverbände auch auf die Fürsorge für deren Erziehung und für die Gewährung des Volksschulunterrichts erstrecke, wobei jedoch ein Anspruch an die Armenverbände auf Bezahlung von Schulgeld durch die letztere Verpflichtung nicht begründet wird, da arme Kinder nach Art. 21 Absatz 4 des Ges. v. 29. September 1836 durch die Gemeindebehörden von der Zahlung des Schulgeldes zu befreien sind. Mit der Entlassung aus der Schule hört die Verpflichtung zur Unterstützung von Kindern auf, wenn es diesen möglich ist, durch Eintritt in einen Dienst, eine Gewerbelehre oder ein sonstiges Arbeitsverhältnis sich ihren Unterhalt selbst zu verschaffen; es bleibt jedoch eine besondere Obliegenheit der Armenbehörden, durch entsprechende Beratung und Tätigkeit für die Vermittelung eines derartigen Unterkommens zu sorgen. Da die in Württemberg geltende „Instruktion" die Aufgaben der Armenpflege nicht über das Gesetz hinaus ausdehnen kann, so sieht sie demnach die Fürsorge für die Erziehung der Kinder als einen Teil der Gewährung des unentbehrlichen Lebensunterhalts an.

Das Badische Gesetz vom 5. Mai 1870, die öffentliche Armenpflege betr., faßt den Begriff des unentbehrlichen Unterhalts noch weiter, wenn es in § 18 bestimmt:

> Der verpflichtete Armenverband hat dem Unterstützungsbedürftigen den unentbehrlichen Unterhalt nach Maßgabe des Bedürfnisses und unter Verwendung der etwa vorhandenen Arbeitskraft zu gewähren, insbesondere Sorge zu tragen für Erziehung, Unterricht und Erwerbsbefähigung der Kinder, für ärztliche Behandlung und Verpflegung der Kranken und für die Bestreitung des Begräbnisses.

[1] 44, 29.

Hier wird demnach der „unentbehrliche Unterhalt" als der Gesamtbegriff angesehen, dem die besonders genannten Aufgaben eingeordnet werden. In Baden haben die gesetzlichen Aufgaben der Armenpflege den weitesten Umfang erhalten, da außer der Erziehung und dem Unterricht auch die Sorge für die Erwerbsbefähigung der Kinder ihr auferlegt ist. Damit ist auch hier die vorbeugende Armenpflege ausdrücklich anerkannt worden. Bei dem Unterrichte kommt das Schulgeld für die Armenverwaltungen nicht in Frage, da nach § 6 des Schulgesetzes vom 7. Juli 1910 die Gemeinde als Trägerin der Schullasten für unbemittelte Kinder das Schulgeld zu übernehmen hat. In einem Erlaß des Badischen Oberschulrats vom 27. Juni 1904 Nr. 18 540 ist der § 18 des Armengesetzes dahin interpretiert worden, daß die Armenverbände verpflichtet seien, für den Privatunterricht solcher bildungsfähiger Kinder Sorge zu tragen, die durch ein körperliches Gebrechen am Schulbesuch und an der Aufnahme in eine Anstalt verhindert seien. Es handelte sich im konkreten Falle um ein Kind mit der sogenannten Fischschuppenkrankheit. Diese Interpretation geht offenbar zu weit. Den Armenverwaltungen sollte durch den § 18 des Armengesetzes nur die Verpflichtung auferlegt werden, unbemittelten Kindern durch Bezahlung des Schul- und Verpflegungsgeldes sowie der Lehrmittel die Möglichkeit zu geben, von den bestehenden Unterrichtseinrichtungen Gebrauch zu machen. Dagegen sollte ihnen nicht die Beschaffung dieser Einrichtungen zur Aufgabe gemacht werden. Die Frage ist mittlerweile gegenstandslos geworden, da durch das Schulgesetz vom 7. Juli 1910 § 3 Absatz 4 und § 6 Absatz 1 die Gemeinde, deren Volksschule zu besuchen die Kinder an sich verpflichtet wären, in den geeigneten Fällen für die private Unterweisung unbemittelter Kinder zu sorgen hat. „Die Erziehung ist in Baden als möglicher selbständiger Gegenstand armenrechtlicher Fürsorge der Gewährung von Obdach, Unterhalt und Krankenpflege in jeder Beziehung gleichgestellt. Die Verpflichtung zu armenrechtlicher Sorge für die Erziehung ist aber auf die Fälle beschränkt, in denen die Unterbringung unumgänglich notwendig ist, während die obervormundschaftliche Unterbringung in den Fällen des § 1838 B. G. B. angeordnet werden kann, auch wenn sie das Vormundschaftsgericht nur für wünschenswert oder für zweckmäßig erachtet. Die unentbehrliche Erziehung im Sinne des Armenrechts ist mit der vollendeten Schulpflicht in der Regel beendet. Dies schließt jedoch die Verpflichtung der Armenverbände nicht aus, beim Vorliegen besonderer Umstände das Erziehungswerk auch über das schulpflichtige Alter hinaus noch fortzusetzen oder es wieder aufzunehmen, sofern sich die Notwendigkeit hierzu herausstellt[1]." Die Sorge für die Erwerbsbefähigung der Kinder bedingt, daß es Sache der unterstützungspflichtigen Armenverbände ist, bildungsfähige Kinder in Blindenanstalten, Taubstummenanstalten, Krüppelheimen und Anstalten

[1] Entscheidungen des Badischen Verwaltungsgerichtshofes vom 11. Mai 1910. Rechtsprechung des Badischen Verwaltungsgerichtshofes. Dritter Teil, Nr. 828, S. 478.

für Epileptische unterzubringen, soweit nicht etwa durch das Gesetz der bezügliche Aufwand dem Staat und den Gemeinden als solchen — nicht den Armenverbänden — auferlegt worden ist.

Die beiden Großherzogtümer Mecklenburg-Schwerin und Mecklenburg-Strelitz haben durch den § 4 der Ausführungsverordnungen vom 20. Februar 1871 und durch Verordnung vom 27. April 1871 übereinstimmend festgesetzt, daß es rücksichtlich der Art und des Maßes der im Falle der Hilfsbedürftigkeit zu gewährenden öffentlichen Unterstützung bei den bestehenden landesgesetzlichen Bestimmungen zu bewenden habe, wobei nur einzelne besondere Regeln über die Behandlung arbeitsfähiger und arbeitsunfähiger Personen aufgestellt werden. Nach Mecklenburgschem Recht gehört aber nicht nur die Erteilung des Unterrichts an arme schulpflichtige Kinder zu den Pflichten der Armenverbände[1], sondern auch — wie aus einer Bestimmung der Domanial-Armenordnung vom 29. Juni 1869 § 1 Nr. 2 hervorgeht — die Unterbringung und Ausbildung bildungsfähiger Idioten, Taubstummer und Blinder, ohne daß dabei eine Altersgrenze gezogen ist[2]. Daraus geht hervor, daß in Mecklenburg außer dem Unterricht auch die Sorge für die Erziehung und die Erwerbsbefähigung der Kinder den Armenverbänden auferlegt ist.

Im Großherzogtum Oldenburg ist das Armenwesen in den drei Bestandteilen des Landes: dem Herzogtum Oldenburg, dem Fürstentum Birkenfeld und dem Fürstentum Lübeck — verschieden geregelt. Während im Fürstentum Lübeck die Aufgaben der Armenpflege nach Art. 77 § 1 der revidierten Gemeindeordnung vom 30. März 1876, entsprechend dem § 1 Absatz 1 des Preußischen Ausführungsgesetzes auf Obdach, unentbehrlichen Lebensunterhalt, erforderliche Krankenpflege und angemessenes Begräbnis beschränkt worden sind, heißt es in Art. 70 § 1 der revidierten Gemeindeordnung für das Herzogtum Oldenburg vom 15. April 1873 einfach, daß die Armenkommission verpflichtet ist, den Hilfsbedürftigen nach Maßgabe des Bedürfnisses und unter Verwendung der etwa vorhandenen Arbeitskraft die nötige Unterstützung zu gewähren. Was unter der nötigen Unterstützung zu verstehen ist, ist nicht gesagt. Dagegen ist in dem Gesetz über das Armenwesen für das Fürstentum Birkenfeld vom 28. März 1876 Art. 13 Absatz 1 ausdrücklich hervorgehoben, daß die jedem hilfsbedürftigen Deutschen zu leistende öffentliche Unterstützung umfaßt die Gewährung der notwendigsten Lebensbedürfnisse, wie Obdach, Feuerung, Bekleidung und Nahrungsmittel, die Sorge für die Erziehung und Erwerbsbefähigung der Kinder, die erforderliche Pflege und ärztliche Behandlung in Krankheitsfällen und im Falle des Ablebens die Gewährung eines angemessenen Begräbnisses.

Das Ausführungsgesetz für das Herzogtum Anhalt vom 29. Juni 1871 stimmt im § 1 mit § 1 des Preußischen Ausführungsgesetzes über-

---

[1] Entscheidung des Großherzoglich Mecklenburg-Schwerinschen Ministeriums in Sachen Rostock wider den Landarmenverband. 28, 87.

[2] 28, 87.

ein, legt aber im § 2 den Armenverbänden die weitere Verpflichtung auf, für eine angemessene Unterbringung geisteskranker, blödsinniger oder an einer unheilbaren, beziehentlich Ekel erregenden Krankheit leidender (siecher) Personen, sowie für die Erziehung verwaister und verwahrloster und für die erforderliche Ausbildung blinder, taubstummer oder blödsinniger Kinder, insoweit zu sorgen, als anderweit Verpflichtete nicht vorhanden oder dazu nicht imstande sind.

Auch das Ausführungsgesetz für das Fürstentum Lippe vom 12. September 1877 dehnt im § 2 die Aufgaben der Armenpflege über die in Preußen gezogenen Grenzen auf die Erziehung verwaister und verwahrloster Kinder aus.

In der Hansastadt Lübeck hat nach der Ausführungsverordnung vom 29. März 1871 § 2 der Armenverband zwar nur den unentbehrlichen Lebensunterhalt, die erforderliche Pflege in Krankheitsfällen und ein angemessenes Begräbnis zu gewähren. Im einzelnen sollen aber dabei die bisher für Lübeckische Staatsangehörige gültigen Normen (Geschäftsordnung der Allgemeinen Armenanstalt vom Jahre 1846 §§ 41 bis 91) in Geltung bleiben. Nach diesen Normen gehören aber auch die Aufwendungen zu Erziehungszwecken, namentlich die Unterbringung unbemittelter bildungsfähiger, im jugendlichen Alter stehender Taubstummer, Blinder und Idioten in die betreffenden Bildungsanstalten[1], sowie die Erziehung von Kindern solcher Eltern, welche dieser Pflicht nachzukommen außerstande sind, zu den Aufgaben der Armenpflege (§ 70 der Geschäftsordnung).

Genau das gleiche gilt für Bremen nach § 2 der Ausführungsverordnung vom 2. Januar 1871 (Urt. des B. A. f. d. H. W. vom 8. Februar 1908 in Sachen Bremen gegen Lichtenheim).

In Hamburg ist das gesamte Armenwesen in musterhafter Weise durch die drei am 1. Januar 1908 in Kraft getretenen, am 11. September 1907 erlassenen Gesetze über das Armenwesen, über die öffentliche Fürsorge für Minderjährige und über die Zwangserziehung Minderjähriger geregelt. Das Gesetz über das Armenwesen bestimmt im § 13, daß die im Falle der Hilfsbedürftigkeit zu gewährende Unterstützung erfolgen kann:

1. in offener Armenpflege, insbesondere durch Bewilligung von Geld, Nahrungsmitteln, Kleidung, Hausrat, Feuerung, ärztlicher und Geburtshilfe, Krankenpflege, Gewährung von Heilmitteln oder Begräbnis, oder durch Unterbringung bei geeigneten Familien;
2. in geschlossener Armenpflege durch Aufnahme in eine öffentliche oder private Anstalt;
3. durch Überweisung in die öffentliche Waisenpflege.

Das Gesetz über die öffentliche Fürsorge für Minderjährige überträgt diese Fürsorge, soweit eine Verpflegung und Erziehung aus öffentlichen Mitteln zu erfolgen hat, dem Waisenhauskollegium, insbesondere die Fürsorge für diejenigen Minderjährigen, welche nach § 13 Ziffer 3 des

[1] 40, 88.

Gesetzes über das Armenwesen der öffentlichen Waisenpflege anheimfallen, sowie die Fürsorge für diejenigen Minderjährigen, deren Zwangserziehung usw. von dem Vormundschaftsgericht angeordnet worden ist. Zur Ergänzung dieser gesetzlichen Bestimmungen dient die von dem Armenkollegium erlassene revidierte Geschäftsordnung für die Armenpflege der Allgemeinen Armenanstalt. In dieser Geschäftsordnung wird der öffentlichen Armenpflege nicht nur die allgemeine Fürsorge für bedürftige, verwaiste und verwahrloste Kinder zugewiesen, sondern insbesondere auch die Unterbringung und Erziehung gebrechlicher, taubstummer[1], blinder, idiotischer, epileptischer und schwachsinniger Kinder, die Fürsorge für kranke und schwächliche Kinder durch Ferienkolonien und Kinderheilstätten[2], sowie für jugendliche, noch nicht großjährige Personen, z. B. durch Unterbringung in Mädchenheimen und Asylen für gefallene Mädchen. Dagegen gehört in Hamburg die Sorge für den Unterricht, für Schulgeld und Lehrmittel[3] bei normalen Kindern nicht zu den Aufgaben der öffentlichen Armenpflege.

Wenn sonach die im vorstehenden aufgezählten 11 Bundesstaaten die Aufgaben der Armenpflege keineswegs einheitlich regeln, sondern mancherlei voneinander abweichende Bestimmungen treffen, so sind sie doch darin vollständig einig, daß sie die Erziehung der gebrechlichen (taubstummen, blinden, schwachsinnigen) Kinder der Armenpflege auferlegen. In dieser Beziehung besteht in den 14 Bundesstaaten, die ihrer Armenpflege das Preußische Ausführungsgesetz vom 8. März 1871 und insbesondere den § 1 desselben zugrunde gelegt haben, eine empfindliche Lücke, die auch von dem B. A. f. d. H. W. in zahlreichen Entscheidungen bedauernd anerkannt worden ist[4]. In Preußen selbst ist durch das Gesetz vom 7. August 1911, soweit die blinden und taubstummen Kinder in Betracht kommen, neuerdings Abhilfe geschaffen. Die Kosten dafür werden den Armenverbänden auferlegt, wobei ausdrücklich die Verpflichtung zum Ersatz durch den endgültig unterstützungspflichtigen Armenverband anerkannt ist (§ 12 Absatz 4 des Gesetzes), sie sind daher als Armenpflegekosten zu betrachten[5]. Einen Verlust des Wahlrechts für den Vater des betreffenden Kindes hat eine derartige Unterstützung aber nicht zur Folge, da nach Ziffer 2 des Reichsgesetzes vom 15. März 1909 die einem Angehörigen wegen körperlicher oder geistiger Gebrechen gewährte Anstaltspflege einen Verlust des Wahlrechts nicht mehr herbeiführt.

Am weitesten gehen in bezug auf die Abgrenzung der Aufgaben der Armenpflege Baden und Hamburg sowie das Fürstentum Birkenfeld, wenn auch die Praxis anderer Bundesstaaten sich vielfach der Praxis dieser Staaten angeschlossen hat. Erziehung, Unterricht und Erwerbsbefähigung der Kinder sind die Aufgaben der Armen-

---

[1] 33, 22.

[2] 32, 58.

[3] 38, 34.

[4] 27, 53; 33, 22.

[5] Vgl. dagegen Langer in dem Kommunalblatt für Ehrenbeamte, 1912, Nr. 11, S. 162.

pflege, um die es sich handelt und die in diesen Staaten über den durch das Preußische Ausführungsgesetz gesteckten Rahmen hinaus als Aufgaben der Armenpflege in Frage kommen.

Bei der Erziehung handelt es sich nicht um ein unmittelbares, für jeden Menschen zu jeder Zeit bestehendes Bedürfnis, sondern um ein Mittel zur Vorbeugung künftiger Hilfsbedürftigkeit[1]. Das Recht und die Pflicht zur Erziehung steht nach den Bestimmungen des B. G. B. §§ 1627 ff. dem Vater oder der Mutter als dem Inhaber der elterlichen Gewalt zu. Fehlen diesen die notwendigsten Subsistenzmittel, so hat der Armenverband unterstützend einzutreten; das Recht zur Erziehung der Kinder wird aber dadurch nicht berührt. Nur dann, wenn Vater und Mutter nicht vorhanden sind oder wenn sie wegen des körperlichen oder geistigen Zustandes des Kindes die Erziehung nicht leiten können oder wenn wegen Verwahrlosung des Kindes die Fürsorgeerziehung oder die Maßregel der §§ 1666, 1838 B. G. B. vom Vormundschaftsgericht angeordnet ist, können Maßnahmen der Armenverwaltung zum Zweck der Erziehung in Betracht kommen. Die Frage, wie lange die Erziehung zu gewähren ist, wird einfach dahin zu beantworten sein, daß der Zweck der Erziehung erreicht sein muß. Bei normalen Kindern wird das in der Regel mit der Beendigung der Schulpflicht der Fall sein. Die weitere Erziehung wird dann, soweit sie erforderlich ist, den dazu berufenen Organen: Vormund, Lehrherr usw., oder den zahlreichen bestehenden Organisationen, die sich die Förderung der schulentlassenen Jugend angelegen sein lassen, zu überlassen sein. Ausnahmsweise wird in besonderen Fällen auch bei normalen Kindern die Aufgabe der Erziehung von den Armenverbänden noch über das schulpflichtige Alter hinaus wahrzunehmen sein. Bei geistig oder körperlich nicht normalen Kindern hat die Erziehung durch die Armenverwaltung sich naturgemäß auf Jahre hinaus weiter zu erstrecken, wie das in den bezüglichen Gesetzen meist vorgesehen ist. Als äußerste Grenze der Zeit für die Erziehung wird man wohl die Zeit der erreichten Volljährigkeit betrachten können, da man bei Volljährigen von einer Erziehung nicht wohl reden kann.

Wenn den Armenverwaltungen in einigen Staaten auch die Sorge für den Unterricht der Kinder auferlegt ist, so kann das — wie bereits oben bezüglich Badens ausgeführt ist — nur die Bedeutung haben, daß die Armenverbände den Kindern hilfsbedürftiger Eltern durch Bezahlung von Schulgeld und Gewährung von Lernmitteln die Möglichkeit gewähren müssen, von den bestehenden Schuleinrichtungen Gebrauch zu machen, nicht aber, daß sie diese Einrichtungen — wenn sie fehlen — selbst zu beschaffen haben und eventuell für die Gewährung von Privatunterricht sorgen müssen[2]. Die Frage ist mittlerweile gegenstandslos geworden. In dem größeren Teil der Bundesstaaten, z. B. in Preußen,

[1] 41, 62.

[2] Im Herzogtum Anhalt kann auf Grund eines Gesetzes vom 1. April 1886, Nr. 669, betr. die Ausbildung nicht vollsinniger, schwach- oder blödsinniger Kinder, unter Umständen auch der Privatunterricht eines epileptischen Kindes Aufgabe der öffentlichen Armenpflege sein. 39, 71.

Hessen, Hamburg, Braunschweig, hat eine Verpflichtung der Armenverbände zur Bezahlung von Schulgeld und zur Gewährung von Lernmitteln niemals bestanden; in anderen Bundesstaaten besteht sie zwar nach den betreffenden Armengesetzen, sie ist aber durch neuere Gesetze den Schulgemeinden auferlegt worden: in Sachsen durch das Gesetz vom 15. April 1886, in Oldenburg durch Gesetz vom 5. März 1886, in Baden durch das Schulgesetz vom 7. Juli 1910 — so daß tatsächlich jetzt überall die Armenverbände von dieser Aufgabe entlastet sind [1].

Die Fürsorge für die Erwerbsbefähigung der Kinder ist nur in Baden und im Fürstentum Birkenfeld ausdrücklich durch Gesetz den Armenverbänden auferlegt worden. — Bei normalen Kindern wird diese Fürsorge in der Regel mit der Sorge für Erziehung und Unterricht zusammenfallen, da vom Standpunkt der Armenverwaltungen aus ein normales Kind nach der Entlassung aus der Volksschule als befähigt zum Erwerbe gelten muß. Eine spezielle Berufsausbildung zu gewähren kann nicht Sache der Armenpflege sein. Eine besondere Fürsorge für die Erwerbsbefähigung der Kinder wird daher meist nur bei den nicht normalen Kindern: den geistesschwachen, epileptischen, blinden, taubstummen, krüppelhaften Kindern — einzutreten haben. In den meisten Bundesstaaten sind bezüglich der Erziehung dieser Kinder besondere Gesetze erlassen worden, durch welche die Kosten dieser Erziehung in besonderen Anstalten ganz oder doch großenteils den Armenverbänden auferlegt werden. Neuerdings ist das auch in Preußen bezüglich der blinden und taubstummen Kinder durch Gesetz vom 7. August 1911 geschehen. Soweit die Armenverwaltungen zum Tragen der Kosten verpflichtet sind, handelt es sich in diesen Fällen in der Regel um Armenunterstützung, die freilich gemäß Nr. 3 des Reichsgesetzes vom 15. März 1909 und nach den in der Folge erlassenen gleichlautenden Landesgesetzen eine Entziehung politischer Rechte für den Vater des Kindes nicht zur Folge hat [2].

Inwieweit die Armenverbände zu den Kosten der Fürsorge- oder Zwangserziehung heranzuziehen sind, ist durch die einzelnen Landesgesetze geregelt. Grundsätzlich wird daran festzuhalten sein, daß die Beitragsleistung zur Fürsorgeerziehung keine Armenunterstützung ist, und daß daher der Erwerb eines Unterstützungswohnsitzes während der Dauer der Zwangserziehung nicht behindert wird. Die Voraussetzungen zur Fürsorgeerziehung nach Art. 135 E. G. zum B. G. B. haben mit einer

---

[1] Nur in Württemberg wird gemäß Art. 3 des Ausführungsgesetzes vom 17. April 1873 zwar nicht das Schulgeld, von dessen Bezahlung arme Kinder freizulassen sind, wohl aber der sonstige Schulaufwand von den Armenverbänden zu bestreiten sein, wenn die Voraussetzungen für die Hilfsbedürftigkeit vorliegen.

[2] Die Praxis der Verwaltungsgerichte und namentlich auch des B. A. f. d. H. W. ist bestrebt gewesen, derartige Kosten nicht als Armenunterstützung anzusehen, z. B. für Braunschweig Entsch. d. B. A. f. d. H. W. 35, 94 auf Grund des Gesetzes vom 30. März 1894, für Baden Entsch. des Bad. Verwaltungsgerichtshofs vom 21. Juni 1911, Nr. 2141 in Sachen Ortsarmenverband Heidelberg gegen Ortsarmenverband Säckingen auf Grund des Gesetzes vom 11. Aug. 1902, § 9, Abs. 1, Ziff. 2.

armenrechtlichen Hilfsbedürftigkeit nichts zu tun [1]. Das Badische Zwangserziehungsgesetz bestimmt daher in seiner neuen Fassung vom 26. August 1900 in § 9 ausdrücklich, daß die durch die Unterbringung zur Zwangserziehung erwachsenden Kosten demjenigen Armenverband zur Last fallen, welcher im Zeitpunkt der Entscheidung über die Unterbringung endgültig unterstützungspflichtig ist und in Ermangelung eines solchen demjenigen Armenverbande, welcher in diesem Zeitpunkt endgültig „unterstützungspflichtig sein würde, falls der Aufwand für die Zwangserziehung als öffentliche Unterstützung zu betrachten wäre.“ Der gleiche Standpunkt ist von der Rechtsprechung des B. A. f. d. H. W. und anderer Verwaltungsgerichte stets vertreten worden für Preußen, Baden, Sachsen-Weimar, Sachsen-Koburg-Gotha, Hamburg, Schwarzburg-Sondershausen, Reuß j. L. Dagegen hat das B. A. f. d. H. W. sich auf Grund landesgesetzlicher Bestimmungen auf den entgegengesetzten Standpunkt gestellt für das Königreich Sachsen und das Herzogtum Anhalt. In Sachsen galt es auf Grund des § 33 der Armenordnung als feststehender Grundsatz, daß die Unterbringung eines verwahrlosten Kindes aus erziehlichen, im Interesse des Kindes selbst gebotenen Rücksichten ein Ausfluß der Armenpflege sei, was auch aus dem § 50 des Sächsischen Ausführungsgesetzes zum B.G.B. hervorgeht [2]. Neuerdings ist aber durch § 31 des Sächsischen Gesetzes über die Fürsorgeerziehung vom $\frac{\text{1. Februar}}{\text{1. Oktober}}$ 1909 diese Bestimmung der Armenordnung außer Kraft gesetzt worden, soweit nach dem Fürsorgeerziehungsgesetz eine Unterbringung angeordnet wird. In Anhalt ist den Armenverbänden durch § 2 des Ausführungsgesetzes vom 29. Juni 1871 ausdrücklich die Verpflichtung auferlegt worden, auch für die Erziehung verwahrloster Kinder zu sorgen [3].

Lebhafte Meinungsverschiedenheiten und Erörterungen haben sich an die Frage geknüpft, ob und inwieweit die Armenverbände verpflichtet seien, die Kosten für die Unterbringung derjenigen Kinder zu tragen, die auf Anordnung des Vormundschaftsgerichts gemäß §§ 1666, 1838 B.G.B. in einer Familie oder einer Anstalt untergebracht sind. Man hat in diesen Fällen eine sogenannte „künstliche Hilfsbedürftigkeit“ konstruiert und hat auf Grund dieser Konstruktion nach der ständigen Rechtsprechung des preußischen Kammergerichts [4] und des Bundesamts für Heimatwesen [5] den Armenverbänden auch in denjenigen Ländern, in denen die Erziehung nicht Aufgabe der Armenpflege ist, die Kosten auferlegt, „da ein Beschluß des Vormundschaftsgerichts, durch den auf Grund des § 1666 B.G.B. die Trennung eines Kindes von den Eltern und

---

[1] Entsch. des Bad. Verwaltungsgerichtshofes vom 7. Nov. 1905 in der Rechtsprechung des Bad. Verwaltungsgerichtshofes, dritter Teil, S. 487.

[2] 35, 93.

[3] 34, 113; 35, 81.

[4] Beschluß des Kammergerichts vom 24. November 1902, abgedruckt in den Schriften des Deutschen Ver. für Armenpfl. u. Wohltät., Heft 64, S. 72/80.

[5] Z. B. 36, 52.

die anderweite Unterbringung des Kindes angeordnet wird, ohne daß dies zum Zweck der Erziehung des Kindes geschieht, geeignet ist, die bisher nicht vorhandene Hilfsbedürftigkeit des Kindes zu begründen und den Armenverband zur anderweiten Unterbringung zu verpflichten, wenn andere Mittel nicht zur Verfügung stehen, auch die Eltern nicht herangezogen werden können, den Kindern das notwendige Obdach und den Lebensunterhalt sei es in einer Anstalt oder in einer Familie zu gewähren." Diese Praxis erscheint schon deswegen bedenklich, weil die Unterbringung eines Kindes nach § 1666 B.G.B. in den weitaus meisten Fällen aus erziehlichen Gründen erfolgt, obgleich die Eltern bereit und fähig waren, dem Kinde in ihrer Wohnung Obdach und Unterhalt zu gewähren. Diese Praxis ist daher auch insbesondere von den Vertretern der preußischen Armenverbände lebhaft angegriffen worden[1], bisher aber nur mit dem Erfolge, daß das Preußische Oberverwaltungsgericht sich in einer Entscheidung vom 11. Februar 1908 (Preußisches Verwaltungsblatt 1908 S. 765) auf den Standpunkt der Armenverbände gestellt hat.

Auch in Baden, wo die Erziehungskosten von der öffentlichen Armenpflege zu bestreiten sind, ist eine Entscheidung des Großherzoglichen Verwaltungsgerichtshofes vom 11. Mai 1910[2] dahin ergangen, daß die Kosten der nach §§ 1666, 1686, 1836 B.G.B. vom Vormundschaftsgericht angeordneten Erziehungsmaßregeln zunächst aus dem Vermögen des Minderjährigen oder von seinen unterhaltungspflichtigen Verwandten zu bestreiten sind, und daß sie der öffentlichen Armenpflege nur unter der Voraussetzung und in dem Umfange zur Last fallen, als das Eintreten der letzteren durch die den getroffenen Anordnungen zugrunde liegenden Verhältnisse in Ansehung der armenrechtlichen Gesetzgebung ohnedies begründet ist. In der badischen zweiten Kammer wurde neuerdings von einem ihr angehörenden Richter angeregt, dem Vormundschaftsrichter die Anwendung des § 1666 B.G.B. dadurch in häufigeren Fällen zu ermöglichen, daß in bezug auf die Deckung der Kosten durch ein Gesetz ähnliche Bestimmungen getroffen werden, wie sie im badischen Zwangserziehungsgesetz vorhanden sind, d. h. eine Verteilung der Kosten nach dem Maßstab: zwei Drittel der Staat, ein Drittel der Armenverband. Eine ähnliche Lösung der Frage erscheint wohl erwägenswert. Am einfachsten wäre es, wenn eine solche Bestimmung in die einzelnen Fürsorgeerziehungsgesetze im Anschluß an die Regelung der Kosten der Fürsorgeerziehung aufgenommrn werden würde. Die Entscheidung darüber, ob im einzelnen Fall Fürsorgeerziehung oder die Maßregel des § 1666 B.G.B. ausgesprochen werden soll, würde dann vom Vormundschaftsgericht einzig und allein von dem Gesichtspunkt aus zu treffen sein,

---

[1] Vgl. den Bericht des Magistratsassessors Dr. Schiller über „Zwangserziehung und Armenpflege" in den Schriften des Deutschen Ver. f. Armenpfl. und Wohltät., Heft 64, sowie die Äußerungen der Diskussionsredner Oberbürgermeister (jetzt preuß. Finanzminister) Dr. Lentze, Stadtrat Jakstein und Stadtrat Rosenstock auf dem Kongresse in Elberfeld im Sept. 1903, Heft 67, S. 40, 51 und 54.

[2] Rechtsprechung, dritter Teil, S. 486.

welche Maßregel unter Berücksichtigung der vorliegenden Verhältnisse und der gesetzlichen Bestimmungen für das Wohl der in Betracht kommenden Kinder förderlicher ist. Jedes finanzielle Interesse des Staates, der Armenverbände und der sonstigen Kommunalverbände an einer bestimmten Entscheidung würde dann ausgeschlossen sein.

Eine Erörterung der Frage, inwieweit die einzelnen Armenverwaltungen die durch das Gesetz für ihre Wirksamkeit gezogenen Grenzen eingehalten oder überschritten haben und in welcher Beziehung sie etwa ihren gesetzlichen Aufgaben nicht oder nur unvollkommen nachgekommen sind, kann an dieser Stelle unterbleiben. Es sei hier in dieser Beziehung nur auf den vierten Abschnitt des Referats von Buehl und Flemming: „Die Praxis der Armenverwaltungen“ verwiesen.

---

## Zweiter Abschnitt.

# Kritik des bestehenden gesetzlichen Zustandes und Mittel zur Besserung.

Der in dem vorigen Abschnitt geschilderte Rechtszustand hat in jedem einzelnen Bundesstaat, in dem das U.W.G. Geltung hat, gleiches Recht für alle Deutschen geschaffen, die in ihm hilfsbedürftig werden. „Jeder Deutsche ist in jedem Bundesstaat in bezug auf die Art und das Maß der im Falle der Hilfsbedürftigkeit zu gewährenden öffentlichen Unterstützung als Inländer zu behandeln." (U.W.G. § 1.) Dagegen ist den einzelnen Bundesstaaten völlige Freiheit darüber gelassen, wie sie die Art und das Maß der zu gewährenden Unterstützung festsetzen wollen, und diese Freiheit hat dazu geführt, daß die Abgrenzung der Aufgaben der öffentlichen Armenpflege in den einzelnen Bundesstaaten in der Tat so verschiedenartig erfolgt ist, wie wir es im einzelnen dargestellt haben. Auf Grund der Reichsverfassung war „der Schwerpunkt der ganzen öffentlichen Armenpflege in die Sphäre des Partikularrechts verlegt" [1]. Wenn wir die Entscheidungen des B. A. f. d. H. W. einer Durchsicht unterziehen, so werden wir finden, daß sich ein sehr großer Teil derselben, wenn nicht die überwiegende Mehrzahl, auf landesgesetzliche Normen stützt und demnach nur auf die Praxis des einzelnen Bundesstaats Einfluß gewinnen kann. Die Rechtsprechung des B. A. f. d. H. W. hat daher auf den in Betracht kommenden Gebieten die Verwaltungspraxis im gesamten Deutschen Reiche niemals in dem Maße beeinflussen können, wie man von den Entscheidungen des Reichsgerichts in bezug auf die Rechtsprechung in Zivil- und Strafsachen behaupten kann. Der Judikatur des Reichsgerichts liegen in Strafsachen fast ausschließlich, in Zivilsachen weitaus überwiegend einheitliche reichsgesetzliche Rechtsnormen zugrunde, deren Auslegung durch das Reichsgericht im ganzen Reichsgebiet eine autoritative Stellung beanspruchen konnte. Das gleiche kann von der Rechtsprechung des B. A. f. d. H. W. nur insoweit behauptet werden, als es sich um die Auslegung der Bestimmungen des Unterstützungswohnsitzes handelt; soweit dagegen die eigentliche materielle Armenfürsorge in Betracht kommt, kann von einer maßgebenden Bedeutung der Entscheidungen des B. A. f. d. H. W. für das gesamte Deutsche

---

[1] Buehl und Flemming, S. 13.

Reich nur in beschränktem Maße die Rede sein. Das liegt weniger an der Bestimmung des § 37 U.W.G., nach der das B. A. f. d. H. W. nur dann als oberste Instanz zu entscheiden hat, wenn die streitenden Armenverbände verschiedenen Bundesstaaten angehören — denn die einzelnen Staaten haben mit Ausnahme der acht Staaten Sachsen, Württemberg, Baden, Mecklenburg-Schwerin, Mecklenburg-Strelitz, Sachsen Meiningen, Reuß ä. L. und Hamburg von der Befugnis des § 52 U.W.G. Gebrauch gemacht und haben durch die Landesgesetzgebung die letztinstanzliche Entscheidung in Streitsachen zwischen Armenverbänden des betreffenden Bundesstaats gleichfalls dem B. A. f. d. H. W. übertragen — als vielmehr an dem Umstande, daß der einzelne Streitfall in der Regel nach landesgesetzlichen Normen zu entscheiden war und darum für die übrigen Bundesstaaten und für deren Verwaltungspraxis überhaupt nicht in Betracht kam.

Aus dem heutigen Rechtszustand ergibt sich, daß die durch das U.W.G. zwischen den Reichsangehörigen hinsichtlich der Armenversorgung herbeigeführte Gleichstellung [1] tatsächlich nicht besteht. Es werden nicht nur die Angehörigen der verschiedenen Bundesstaaten ganz verschieden behandelt, je nachdem die Hilfsbedürftigkeit in diesem oder jenem Lande eintritt, sondern es werden sogar Personen, die an dem gleichen Orte ihren Unterstützungswohnsitz haben, in bezug auf die Art der ihnen zu gewährenden Unterstützung nach ganz verschiedenen Rechtsnormen beurteilt, je nachdem der Fall der Hilfsbedürftigkeit in diesem oder jenem Bundesstaat eintritt. Wenn z. B. eine Person, die in Mainz ihren Unterstützungswohnsitz hat und die, wenn der Unterstützungsfall in Mainz eintritt, auf Grund der hessischen Gesetzgebung von dem Armenverband Mainz die Kosten für den Unterricht, die Erziehung und Erwerbsbefähigung der Kinder nicht erhält und nicht erhalten darf, in Mannheim hilfsbedürftig wird, so hat der vorläufig unterstützungspflichtige Armenverband Mannheim nach den badischen Gesetzen diese Leistungen zu gewähren, und der Ortsarmenverband Mainz ist als endgültiger verpflichteter Armenverband alsdann gehalten, Mannheim die Leistungen zu ersetzen, die er selbst gar nicht gewähren darf. Man kann zur Rechtfertigung dieses Zustandes auch nicht anführen, daß diese Leistungen — namentlich die Unterbringung taubstummer und blinder Kinder in Anstalten — auch in denjenigen Bundesstaaten an mittellose Eltern aus öffentlichen Mitteln gewährt werden, in denen sie nicht als Armenaufwand gelten und daß die Frage, ob es sich dabei um eine Armenunterstützung handelt oder nicht, bedeutungslos geworden ist, nachdem derartige Unterstützungen nach dem Reichsgesetz vom 5. März 1909 und den entsprechenden Landesgesetzen einen Verlust des Wahlrechts und sonstiger öffentlicher Rechte nicht mehr zur Folge haben. Die Frage, ob es sich dabei um eine Armenunterstützung handelt, ist immer noch von sehr großer, weittragender praktischer Bedeutung für die Unterstützten selbst und für die beteiligten Armenverbände und zwar in mehrfacher Hinsicht.

---

[1] Arndt, Staatsrecht des Deutschen Reiches, S. 52.

Nach §§ 14 und 27 U.W.G. ruht die Frist für den Erwerb und den Verlust des Unterstützungswohnsitzes während der Dauer der von einem Armenverbande gewährten öffentlichen Unterstützung. Was als Unterstützung anzusehen ist, muß nach den Landesgesetzen des unterstützenden Armenverbandes beurteilt werden. Die Armenverbände derjenigen Länder, in denen Aufwendungen zu Erziehungszwecken als Armenaufwand gelten, haben daher den nicht unbeträchtlichen Vorteil, daß diese Aufwendungen den Erwerb des Unterstützungswohnsitzes durch das Familienhaupt und den Verlust des bisherigen Unterstützungswohnsitzes verhindern. Ferner aber ist der endgültig verpflichtete Armenverband nach den Bestimmungen des U.W.G. auch zur Übernahme des Hilfsbedürftigen in eigene Fürsorge verpflichtet, wenn die Unterstützung aus anderen Gründen als wegen einer nur vorübergehenden Arbeitsunfähigkeit notwendig geworden ist (§ 31 U.W.G., § 5 des Gesetzes über die Freizügigkeit vom 1. November 1867). Auch hier entscheidet die Landesgesetzgebung über die Voraussetzungen und den Begriff der „Unterstützung", und den Vorteil haben wiederum die Armenverbände, deren Landesgesetzgebung den Begriff der Unterstützung weiter gefaßt hat, zumal es sich bei den verhältnismäßig hohen Anforderungen zu Zwecken der Erziehung in Anstalten fast immer um eine dauernde Hilfsbedürftigkeit handeln wird, die nicht durch eine nur vorübergehende Arbeitslosigkeit notwendig geworden ist. Endlich — und das ist wohl das Wichtigste — begründet die Armenunterstützung — und nur die öffentliche Armenunterstützung — einen Erstattungsanspruch gegen den endgültig verpflichteten Armenverband (§§ 28, 30 U.W.G.). Auch von diesen Bestimmungen haben den Vorteil ganz ausschließlich die Armenverbände derjenigen Länder, die den Begriff der Armenunterstützung weiter ausgedehnt haben. Wo die Erziehungskosten nicht als Armenunterstützung gelten und wo deshalb die Kosten für die Unterbringung taubstummer und blinder Kinder den Kommunalverbänden oder dem Staat auferlegt sind, da kann von einem Ersatzanspruch auch nicht die Rede sein, soweit nicht etwa die unterhaltungspflichtigen Angehörigen in Frage kommen. Es muß von den endgültig verpflichteten Armenverbänden notwendig als eine Unbilligkeit empfunden werden, wenn sie auf dem Weg des Erstattungsanspruchs Aufwendungen zu machen haben, die ihnen nach der Gesetzgebung ihres eigenen Landes nicht obliegen, und es kommt daher gerade in diesen Fällen sehr häufig zu Streitigkeiten, die dem beklagten Armenverbande außer den als unbillig angesehenen Aufwendungen auch noch beträchtliche Kosten verursachen. Auch den Unterstützten selbst, die an dem Orte ihres Unterstützungswohnsitzes darüber belehrt worden sind, daß die in Frage kommenden Aufwendungen nicht als Armenunterstützung gelten, ist es schwer begreiflich zu machen, daß dies an ihrem neuen Aufenthaltsorte nicht Geltung habe, und daß die oben angeführten mit der Armenunterstützung verbundenen Nachteile sie träfen, wenn der jetzt vorläufig unterstützungspflichtige Armenverband für die Kosten der Erziehung ihrer Kinder eintreten müsse. Bei dem unter den heutigen Verhältnissen sich immer stärker bemerkbar machenden häufigen Wechsel des Wohnorts unserer Arbeiterbevölkerung, die für unsere städtischen Armenverwaltungen vorwiegend in Betracht kommt, wird durch die Verschiedenartigkeit der landesgesetzlichen Bestimmungen eine Unsicherheit hervorgerufen, die von allen Beteiligten in immer stärkerem Grade als nachteilig und eine geordnete Armenpflege störend empfunden werden muß. Dazu kommt, daß nicht nur die verschiedenen landesgesetzlichen Bestimmungen eine Rechtsungleichheit herbeiführen, sondern auch die verschiedenartige Anwendung der gleichen gesetzlichen Vorschriften. Nach Art. 4 der Reichsverfassung unterliegt die öffentliche Armenpflege nicht der Beaufsichtigung seitens des Reiches. Die Rechtsprechung des B. A. f. d. H. W. hat nur dann Gelegenheit einzugreifen, wenn Streitigkeiten über die öffentliche Unterstützung Hilfsbedürftiger zwischen Armenverbänden verschiedener Bundesstaaten entstehen, soweit nicht landesgesetzlich die Zuständigkeit des Bundesamts auch für die Streitsachen zwischen Armenverbänden desselben Bundesstaates anerkannt worden ist (§ 52 U.W.G.). In der großen Mehrzahl aller Unterstützungsfälle ist aber der vorläufig unterstützungspflichtige Armenverband zugleich der endgültig unterstützungspflichtige, so daß ein Ersatzanspruch gegen einen Armenverband überhaupt gar nicht in Frage kommt. Nachdem durch die Novelle zum U.W.G. vom 30. Mai 1908 ein selbständiger Unterstützungswohnsitz schon durch einen einjährigen ununterbrochenen Aufenthalt nach zurückgelegtem sechzehnten Lebensjahr erworben wird, sind die Fälle, in denen ein Ersatzanspruch überhaupt in Frage kommt, noch viel seltener geworden. In der großen Mehrzahl aller Fälle, in denen eine Unterstützung verweigert oder angeblich nicht in ausreichendem Maße gewährt worden ist, kommt eine Kollision zwischen verschiedenen Armenverbänden überhaupt nicht in Frage. Der Hilfsbedürftige selbst ist aber gar nicht in der Lage, eine Entscheidung der ordentlichen Gerichte oder der Verwaltungsgerichte über die Notwendigkeit oder die Art und das Maß der ihm zu gewährenden Unterstützung herbeizuführen. Gemäß § 61 U.W.G. werden durch die Bestimmungen dieses Gesetzes Rechte und Verbindlichkeiten nur zwischen den zur Gewährung öffentlicher Unterstützung verpflichteten Verbänden (Orts- und Landarmenverbände, Bundesstaaten), nicht aber zwischen dem Hilfsbedürftigen selbst und einem Armenverbande erworben [1]. Die Landesgesetze aber haben übereinstimmend dem Hilfsbedürftigen selbst jeden Rechtsweg abgeschnitten, wenn ihm eine Unterstützung verweigert oder nicht in ausreichendem Maße gewährt wird, und verweisen ihn auf den Weg der Beschwerde bei der zuständigen Aufsichtsbehörde. Das preußische Ausführungsgesetz zum U.W.G. vom 8. März 1871 bestimmt in § 63, daß der Arme einen Anspruch auf Unterstützung gegen einen Armenverband niemals im Rechtsweg, sondern nur bei der Verwaltungsbehörde geltend machen kann, in deren Pflicht es liege, keine Ansprüche zuzulassen, die über das Notdürftige hinausgehen. Auch diese Be-

[1] Stenogr. Verh. des Reichstages des Norddeutschen Bundes, 1870, IV, S. 579 und 582.

stimmung ist entweder wörtlich oder doch dem Sinn nach in die Ausführungsgesetze der übrigen Bundesstaaten übergegangen (Württemberg, Ausf.Ges. vom 17. April 1873 Art. 7 Abs. 2; Baden, Einf.Ges. zum U.W.G. vom 14. März 1872 § 4 Abs. 5: „Über die Hilfsbedürftigkeit, die Art und das Maß der Unterstützung entscheiden die Verwaltungsbehörden." Hessen, Ausf.Ges. vom 14. Juli 1871 Art. 19 Abs. 2; Mecklenburg-Schwerin und Mecklenburg-Strelitz, Ausf.Ges. vom 20. Februar 1871 § 61; Oldenburg, Rev. Gem.Ordn. für das Herzogtum Oldenburg vom 15. April 1873 Art. 72 § 1 und gleichlautend Art. 19 § 1 des Armengesetzes für Birkenfeld und Art. 79 § 1 der revidierten Gemeindeordnung für Lübeck). Weder die Zivilgerichte noch die Verwaltungsgerichte haben daher die Möglichkeit, einen Einfluß auf eine gleichmäßige Praxis auszuüben. In der Tat ist deshalb die Praxis der verschiedenen Armenverbände noch weit vielgestaltiger als die in Frage kommende Gesetzgebuug. Man braucht nur einmal gegenüberzustellen, in welcher Weise die öffentliche Armenpflege in einer modernen Großstadt, wie z. B. Charlottenburg, ihre Leistungen geregelt hat, und wie in den ländlichen Gemeinden Ostpreußens Armenpflege ausgeübt wird, um die Verschiedenheit zu ermessen, die zurzeit auf Grund der gleichen gesetzlichen Bestimmungen in der Praxis möglich ist. In gewissem Maße ist diese Verschiedenheit berechtigt, denn die Begriffe „unentbehrlicher" Lebensunterhalt, „erforderliche" Krankenpflege, „angemessenes" Begräbnis sind, wie bereits hervorgehoben ist, relativer Natur und werden mit Recht in kulturell weniger entwickelten Landesgegenden anderer Beurteilung unterliegen, als in den Großstädten, und die Orts- und Landesgewohnheiten werden bei Abwägung dieser Verhältnisse eine wichtige Rolle zu spielen haben. Wenn man aber in dem Referat von Buehl und Flemming (S. 43—47) z. B. die großen Verschiedenheiten näher ins Auge faßt, die in bezug auf die Festsetzung der sogenannten Ausschlußsätze bei Städten bestehen, deren Verhältnisse sich nicht wesentlich unterscheiden, so wird man diese Erklärung für solche Unterschiede nicht gelten lassen können. Noch weniger wird das der Fall sein, wenn wir sehen[1], wie in bezug auf Gewährung von Hauspflege, von Kuren in Bädern, Kurorten und Heilstätten, Unterbringung in Trinkerasylen usw. die größten Verschiedenheiten bestehen, obgleich in bezug auf diese Punkte eine verschiedenartige Landesgesetzgebung überhaupt nicht in Betracht kommt. Es fehlt eben in den einzelnen Bundesstaaten an einer gleichmäßigen Aufsicht über die Armenpflege. Dabei darf freilich nicht außer acht gelassen werden, daß eine Vorbedingung für die Ausübung einer derartigen Aufsicht zur Herbeiführung einer gleichmäßigen Praxis, soweit die Landgemeinden in Betracht kommen, die Schaffung wirklich leistungsfähiger Armenverbände wäre, wie sie vom Deutschen Verein für Armenpflege und Wohltätigkeit wiederholt und zuletzt auf der Versammlung in München im September 1909 bei Verhandlung der Frage „Die öffentliche Armenpflege auf dem Lande" mit Nachdruck gefordert worden ist.

---

[1] Buehl und Flemming, S. 52—61.

In der Mannheimer Verhandlung vom September 1905 wurde als „letztes Ziel" zur Herbeiführung einer allseitigen und gleichmäßigen Erfüllung der an die Armenpflege zu stellenden Anforderungen „eine einheitliche deutsche Armengesetzgebung" bezeichnet. Man hat dabei, wenngleich dies nicht ausdrücklich betont wurde, ohne Zweifel an die Reichsgesetzgebung gedacht. In der Tat scheint dieser Weg der nächstliegende und der einfachste zu sein. Leider wird aber die Erreichung des Zieles auf diesem Wege erst in einer so fernen Zukunft zu erwarten sein, daß es wohl der Überlegung wert sein wird, ob man nicht auf anderem Wege dem Ziele wenigstens näher kommen kann.

Wir haben schon ausgeführt, daß eine einheitliche deutsche Armengesetzgebung nur nach einer Änderung der Reichsverfassung erfolgen kann, da die öffentliche Armenpflege nicht zu den Angelegenheiten gehört, die der Beaufsichtigung seitens des Reiches und der Gesetzgebung desselben unterliegen (Art. 4 R.V.). Die Reichsregierung ist aber im allgemeinen — und sie hat darin wohl nicht unrecht — nicht geneigt, dem Reichstage Anträge auf Abänderungen der Verfassung vorzulegen, zumal es nicht leicht ist, über solche Anträge eine Einigung im Bundesrat herbeizuführen. Veränderungen der Verfassung gelten als abgelehnt, wenn sie von den jetzt im Bundesrat vorhandenen 61 Stimmen[1] nur 14 Stimmen gegen sich haben (Art. 78 Absatz 1 R.V.). In den mehr als 40 Jahren seit Einführung der Reichsverfassung sind im ganzen nur zehn Abänderungen auf dem Wege der Gesetzgebung erfolgt, und die Zuständigkeit der Reichsgesetzgebung ist bisher überhaupt nur zweimal erweitert worden. Durch Gesetz vom 3. März 1873 wurden die Seeschiffahrtszeichen (Leuchtfeuer, Tonnen, Baken und sonstigen Tagesmarken) der Beaufsichtigung und der Gesetzgebung des Reiches unterworfen, und durch Gesetz vom 20. Dezember 1873 die gemeinsame Gesetzgebung über das gesamte bürgerliche Recht, während vorher aus dem Gebiete des bürgerlichen Rechts nur das Obligationenrecht, sowie das Handels- und Wechselrecht reichsgesetzlich geregelt werden konnte (R.V. Art. 4 Ziffer 9 und 13). *Seit dem Jahre 1873 ist eine Erweiterung der Zuständigkeit des Reiches in bezug auf die Beaufsichtigung und Gesetzgebung überhaupt nicht mehr erfolgt*, so oft und so dringend auch von *verschiedenen Seiten eine solche* Erweiterung gefordert wurde. Es sei hier nur an das vielbesprochene Reichsschulamt erinnert, dem die gegenwärtige Reichsverfassung den Boden für eine Wirksamkeit nicht zu bieten vermag. Ob das geforderte Reichstheatergesetz oder eine reichsgesetzliche Regelung der Submissionsbestimmungen auf Grund der R.V. in Wirksamkeit treten kann, hängt davon ab, ob die bezüglichen Gesetze gemäß Art. 4 Ziffer 1 R.V. als Bestimmungen „über den Gewerbebetrieb" oder etwa zum Teil als Bestandteile des bürgerlichen Rechts (Art. 4 Ziffer 13 R.V.) angesehen werden können.

---

[1] Durch Einführung der Verfassung in Elsaß-Lothringen sind zu den bisher vorhandenen 58 Stimmen 3 Stimmen hinzugekommen.

Wenngleich seit dem September 1905 nunmehr sieben Jahre verflossen sind, so wird das damals in Aussicht genommene „letzte Ziel" immer noch sehr lange auf sich warten lassen, wenn dieses Ziel auf dem Wege der Reichsgesetzgebung erreicht werden soll.

Es gibt noch einen andern Weg, um zu diesem Ziele zu gelangen, einen freilich anscheinend weiteren und komplizierteren Weg, der aber dafür ein allmähliches, schrittweises Näherkommen gestattet: den Weg der übereinstimmenden Landesgesetzgebung in den einzelnen Bundesstaaten, ein Weg, der gerade auf dem Gebiete der von dem Deutschen Verein für Armenpflege und Wohltätigkeit geförderten Bestrebungen schon mehrfach mit Erfolg beschritten worden ist. Es sei hier nur an die vielfach übereinstimmenden Bestimmungen der Landesgesetze über die Fürsorge- oder Zwangserziehung und über die Berufsvormundschaft erinnert. Vor allem aber bilden die einzelnen sogenannten „Ausführungsgesetze" zum U.W.G.[1] das beste Vorbild für die Ausführbarkeit eines solchen Vorgehens. Wenn, wie das in der Tat der Fall ist, sich in bezug auf die Abgrenzung der Aufgaben der Armenpflege nicht weniger als 13 Bundesstaaten dem Wortlaut des Preußischen Gesetzes angeschlossen haben, so steht nichts dem im Wege, daß sämtliche 26 Landesgesetzgebungen sich mit der Zeit auf die gleichen Bestimmungen einigen. Das kann und wird nicht im Laufe eines Jahres oder weniger Jahren geschehen, aber es kann auf dem Wege der allmählichen Entwicklung und Überwindung der Widerstrebenden mit der Zeit erreicht werden, wenn von berufener Seite der Weg, den die Entwicklung zu nehmen hat, klar vorgezeichnet wird. Das wäre eine Aufgabe, die bei uns vor allem dem Deutschen Verein für Armenpflege und Wohltätigkeit zukäme und bei der er keine Konkurrenz zu fürchten hat, da es sich um eine Frage der Armenpflege im engeren Sinne und zugleich um eine Frage von größter Bedeutung handelt. Es ist nur erforderlich, daß zunächst die Vertreter der Armenverbände sich darüber klar werden und unter sich eine Vereinbarung darüber herbeiführen, was auf dem Wege der gesetzlichen Regelung erstrebt werden soll, daß ein Programm entwickelt und Richtlinien aufgestellt werden, für deren Vertretung in den einzelnen Bundesstaaten durch Wort und Schrift gesorgt werden muß. Da sich zurzeit der letzte Bundesstaat, in dessen Gebiet das Unterstützungswohnsitzgesetz noch keine Anwendung gefunden hat: Bayern, dazu anschickt, die völlige Rechtseinheit auf diesem Gebiete herbeizuführen, ist der Zeitpunkt sicher dazu geeignet, auch die Rechtseinheit auf den übrigen Gebieten der öffentlichen Armenpflege wenigstens in Aussicht zu nehmen.

Der Weg durch die Landesgesetzgebung erscheint aber auch deshalb als der zunächst in Aussicht zu nehmende, weil die so dringend notwendige Zentralisation der Aufsicht über die Armenpflege doch in jedem Falle durch die Organe der Einzelstaaten erfolgen würde. Es ist nicht zu er-

---

[1] In Baden und in Hamburg tragen die betreffenden Gesetze die richtigere Bezeichnung: Gesetz, die öffentliche Armenpflege betreffend und Gesetz über das Armenwesen.

warten, daß das Reich, wenn die Gesetzgebung und Beaufsichtigung auf dem Gebiete der Armenpflege der Kompetenz des Reiches zugewiesen werden sollte, die unmittelbare Durchführung durch eigene Organe übernehmen würde, wie das auf dem Gebiete der Marine, der auswärtigen Angelegenheiten, der Post- und Telegraphenverwaltung, des Zollwesens usw. der Fall ist. Vielmehr würde ebenso wie beispielsweise beim Gewerbewesen und bei der Handhabung der Rechtspflege, die praktische Durchführung und die unmittelbare Beaufsichtigung den Organen der Einzelstaaten überlassen bleiben.

Es steht aber auch nichts dem im Wege, daß die Reichsgesetzgebung auf dem Gebiete der Armenpflege jederzeit regulierend eingreifen kann, sobald sich die Geneigtheit zu einer Verfassungsänderung gezeigt hat, wenn auch zunächst die Einzelstaaten auf dem Wege der Landesgesetzgebung der Rechtseinheit näher zu kommen gesucht haben.

---

## Dritter Abschnitt.

# Auf welcher Grundlage wäre eine einheitliche gesetzliche Regelung durchzuführen?

Es wird sich im folgenden im wesentlichen um die Frage handeln, ob und aus welchen Gründen es empfehlenswert ist, Erziehung, Ausbildung und Unterricht dem Pflichtenkreis der gesetzlichen Armenpflege auch in denjenigen Bundesstaaten einzufügen, deren Ausführungsgesetze zum U.W.G. zurzeit dahingehende Bestimmungen nicht enthalten.

Im Anschluß an die allgemeinen Bemerkungen im ersten Abschnitt wird näher zu untersuchen sein, inwieweit die Armenpflege überhaupt in die Lage kommen kann, Aufwendungen für Erziehungszwecke zu machen, und welche Möglichkeiten des armenpflegerischen Eingreifens hierbei in Betracht kommen. Die einzelnen Betätigungen der Armenpflege auf diesem Gebiete der Fürsorge sollen nach einheitlichen Gesichtspunkten zusammengestellt und die Gründe, die jeweils die Übernahme der Erziehung auf die Armenpflege wünschenswert erscheinen lassen, dargestellt und wider die Gegengründe abgewogen werden.

Das Gebiet, das hierbei zu behandeln sein wird, ist — wie die nachfolgende Übersicht ersehen läßt — ein so ausgedehntes, das vorhandene tatsächliche und kritische Material ein so reichhaltiges, daß eine völlig erschöpfende Darstellung sich nur in einer Reihe von längeren Monographien, die zusammengenommen über den Rahmen des beim Verein üblichen Einzelreferats weit hinausgehen würden, erzielen ließe. Im Interesse der Übersichtlichkeit und Klarheit haben sich die Referenten deshalb einerseits auf die Hauptpunkte beschränkt und sind auf Einzelheiten in der Regel nicht eingegangen, und es sind anderseits die beiden großen Rechtsgebiete — Armenpflege ohne und mit erzieherischen Aufgaben — als solche vielfach einander gegenübergestellt und als deren Repräsentanten aus Zweckmäßigkeitsgründen Preußen auf der einen, Baden auf der anderen Seite angenommen worden, wobei ein gelegentliches Übergreifen auf die anderen Bundesstaaten nicht vermieden werden konnte und sollte.

Ausschließlich oder vornehmlich aus erzieherischen Gründen wird die öffentliche Armenpflege in folgenden Fällen zur Aufwendung von Armenmitteln in die Lage kommen können:

1. Bei Abnahme von Kindern (Entfernung aus der bisherigen Umgebung und Übernahme in Armenfürsorge) im Interesse des leiblichen, geistigen und sittlichen Wohles derselben. Es lassen sich hierbei zwei Gruppen von Fällen unterscheiden,
   a) die Abnahme gemäß vormundschaftsgerichtlicher Anordnung in den Fällen der §§ 1666, 1838 B.G.B., sowie die Beteiligung der Armenpflege an der Unterbringung zur Fürsorgeerziehung (Zwangserziehung)[1],
   b) die Abnahme, wenn kein Verschulden der Erziehungsberechtigten vorliegt und demgemäß keine Maßregeln nach § 1666 vom Vormundschaftsgericht getroffen werden können;
2. bei Gewährung von Zuschüssen zu den Erziehungskosten beim Verbleiben der Kinder im Haushalt der Eltern;
3. bei Aufwendung von Armenmitteln für Erziehung und Ausbildung nicht vollsinniger, bildungsfähiger Kinder;
4. bei Gewährung von Ausrüstungen an Jugendliche bei ihrem Eintritt ins Erwerbsleben sowie bei Aufwendung von Lehrgeld usw. zu deren Ausbildung nach ihrer Entlassung aus der Schule;
5. bei Gewährung von Schulgeld und Unterrichtsmitteln.

Damit werden wohl die Möglichkeiten der Betätigung der Armenpflege auf dem in diesem Abschnitt zu behandelnden Gebiet der Jugendfürsorge ziemlich erschöpfend aufgezählt sein. Über die Frage der Aufwendung von Armenmitteln bei Schulspeisung, Unterbringung von Kindern in Ferienkolonien, Erholungsheimen, Solbädern usw. wird im vierten Abschnitt unter dem Gesichtspunkte der Abgrenzung der Leistungen der Armenpflege gegenüber Maßnahmen der Sozialpolitik näheres ausgeführt werden.

## 1.

Es wird seit einer Reihe von Jahren darüber geklagt, daß diejenigen Maßnahmen, die wir zurzeit im Interesse der Verhütung der Verwahrlosung der heranwachsenden Jugend und zu ihrem Schutze anwenden, unzulänglich seien, und deren Handhabung für die Bedürfnisse der Praxis nicht genüge. Für diese Erscheinung werden verschiedene Gründe angegeben:

Neben der Unsicherheit der Rechtslage, die teils durch die nicht klare Formulierung der in Betracht kommenden gesetzlichen Bestimmungen, teils durch einander entgegengesetzte präjudizielle höchstrichterliche Entscheidungen geschaffen wurde, wird das Versagen der öffentlichen Armenpflege auf dem Gebiet des Jugendschutzes an erster Stelle genannt. Es seien nur die Verhandlungen des Allgemeinen Fürsorgeerziehungstages 1908 in Straßburg erwähnt, wo der Referent Dr. Polligkeit (Frankfurt a. M.) unter Zustimmung mehrerer Diskussionsredner in erster Linie eine durchgreifende Reform des Armenrechts empfahl, um auf diesem

[1] Im folgenden mit F.-E. bezeichnet.

Gebiet zu befriedigenden Zuständen zu kommen. Die Leitsätze des Referenten, über die nicht abgestimmt wurde, gipfelten in folgenden Forderungen:

„Eine Änderung des Armenrechts muß folgenden Forderungen gerecht werden:

1. Aufwendungen für die notdürftige Erziehung eines Kindes gelten als gesetzliche Aufgabe der Armenpflege.
2. Durch bessere Zentralisation und Organisation der Aufsicht müssen Rechtsgarantien für die gesetzliche Ausübung der öffentlichen Armenpflege geschaffen werden.
3. Durch Schaffung leistungsfähiger Armenverbände, besonders für die Kinderfürsorge, muß der jetzt bestehende Mißstand beseitigt werden, daß in ländlichen und kleinstädtischen Armenverbänden eine zweckmäßige Armenpflege an der geringen Leistungsfähigkeit scheitert."

Auf die Leitsätze Ziffer 2 und 3, die mit unserem Thema nur in loser Verbindung stehen, soll an dieser Stelle nicht näher eingegangen werden, dagegen müssen wir Stellung nehmen zu dem in Ziffer 1 enthaltenen Problem, das wir kurz dahin formulieren möchten:

Ist es im Interesse des Schutzes der Jugend gegen geistige, körperliche und sittliche Verwahrlosung notwendig oder doch zweckmäßig, die Erziehung allgemein zur Aufgabe der öffentlichen Armenpflege zu machen, um vorhandene, durch die Handhabung der F.-E.-Gesetze entstandene Lücken auszufüllen?

Zunächst soll auf die Tragweite der §§ 1666, 1838 B.G.B. und deren Abgrenzung gegenüber der F.-E. kurz eingegangen werden; weiter wird darzulegen sein, inwieweit die Handhabung dieser Bestimmungen in der Praxis zu Unzuträglichkeiten geführt hat.

Der Wortlaut der in Frage kommenden Bestimmungen des B.G.B. ist folgender:

§ 1666 Abs. 1. „Wird das geistige oder leibliche Wohl des Kindes dadurch gefährdet, daß der Vater das Recht der Sorge für die Person des Kindes mißbraucht, das Kind vernachlässigt oder sich eines ehrlosen oder unsittlichen Verhaltens schuldig macht, so hat das Vormundschaftsgericht die zur Abwendung der Gefahr erforderlichen Maßregeln zu treffen. Das Vormundschaftsgericht kann insbesondere anordnen, daß das Kind zum Zwecke der Erziehung in einer geeigneten Familie oder in einer Erziehungsanstalt oder einer Besserungsanstalt untergebracht wird."

§ 1838. „Das Vormundschaftsgericht kann anordnen, daß der Mündel zum Zwecke der Erziehung in einer geeigneten Familie oder in einer Erziehungsanstalt oder einer Besserungsanstalt untergebracht wird. Steht dem Vater oder der Mutter die Sorge für die Person des Mündels zu, so ist eine solche Anordnung nur unter den Voraussetzungen des § 1666 zulässig."

E.G. zum B.G.B. Art. 135. „Unberührt bleiben die landesgesetzlichen Vorschriften über die Zwangserziehung Minderjähriger. Die Zwangserziehung ist jedoch, unbeschadet der Vorschriften der §§ 55, 56 des Strafgesetzbuchs, nur zulässig, wenn sie von dem Vormundschaftsgericht angeordnet wird. Die Anordnung kann außer den Fällen der §§ 1666, 1838 des B.G.B. nur erfolgen, wenn die Zwangserziehung zur Verhütung des völligen sittlichen Verderbens notwendig ist.

Die Landesgesetze können die Entscheidung darüber, ob der Minderjährige, dessen Zwangserziehung angeordnet ist, in einer Familie oder in einer Erziehungs- oder Besserungsanstalt unterzubringen sei, einer Verwaltungsbehörde übertragen, wenn die Unterbringung auf öffentliche Kosten zu erfolgen hat."

Nach § 1686 findet § 1666 entsprechend auf die elterliche Gewalt der Mutter Anwendung.

Von der in Artikel 135 des E.G. zum B.G.B. erteilten Ermächtigung, die Lücke auszufüllen, welche das B.G.B. in der Jugendfürsorge offengelassen hat, haben sämtliche Bundesstaaten Gebrauch gemacht, indem sie entweder ihre bestehenden F.-E.-Gesetze einer Neufassung unterzogen oder neue erließen [1].

Hinsichtlich der Zulässigkeit der Anordnung der landesgesetzlichen F.-E. lassen sich zwei Gruppen von einzelstaatlichen Gesetzen unterscheiden. Als Typus der ersten Gruppe sei das preußische F.-E.-Gesetz vom 2. Juli 1900 genannt. Es läßt die F.-E. zu:

1. wenn die Voraussetzungen des § 1666 oder des § 1838 des B.G.B. vorliegen und die F.-E. erforderlich ist, um die Verwahrlosung des Minderjährigen zu verhüten;
2. wenn der Minderjährige eine strafbare Handlung begangen hat, wegen der er in Anbetracht seines jugendlichen Alters strafrechtlich nicht verfolgt werden kann, und die F.-E. mit Rücksicht auf die Beschaffenheit der Handlung, die Persönlichkeit der Eltern oder sonstigen Erzieher und die übrigen Lebensverhältnisse zur Verhütung weiterer sittlicher Verwahrlosung des Minderjährigen erforderlich ist;
3. wenn die F.-E. außer diesen Fällen wegen Unzulänglichkeit der erziehlichen Einwirkung der Eltern oder sonstigen Erzieher oder der Schule zur Verhütung des völligen sittlichen Verderbens des Minderjährigen notwendig ist.

Für die Verhängung der F.-E. in dem Falle des § 1 Ziffer 1 des Gesetzes, der uns hier in erster Linie beschäftigt, genügt also nicht das Vorliegen des Tatbestands der §§ 1666, 1838 B.G.B., das Gesetz verlangt weiter, daß die F.-E. erforderlich sein muß, um die Verwahrlosung des Minderjährigen zu verhüten. Im wesentlichen an die

---

[1] § 55 R.Str.G.B., der wiederum auf die landesgesetzlichen Vorschriften verweist, kann aus der Erörterung ausscheiden. Die dem Strafrichter erteilte Befugnis, gemäß § 56 R.Str.G.B. einen jugendlichen Angeklagten, welcher mangels der zur Erkenntnis der Strafbarkeit erforderlichen Einsicht freigesprochen wird, einer Erziehungs- oder Besserungsanstalt zu überweisen, interessiert uns nur insofern, als in mehreren Bundesstaaten, z. B. Baden, Braunschweig und Württemberg, die Kosten der hiernach angeordneten Anstaltserziehung ebenso wie die Kosten der landesrechtlichen F.-E. behandelt werden, während in anderen Bundesstaaten, z. B. in Preußen, die Staatskasse mit der Kostentragung in diesen Fällen belastet wird.

gleichen Voraussetzungen knüpfen das bayerische und badische F.-E.-G. sowie das Gesetz von Waldeck die Zulässigkeit der F.-E.

Die neuesten F.-E.-Gesetze von Sachsen und Hamburg lehnen sich ebenfalls in ihrer Fassung an das preußische Gesetz an, sie vermeiden aber diejenige Formulierung, die in Preußen nach der Rechtsprechung des Kammergerichts dazu geführt hat, die F.-E. nur subsidiär zuzulassen. Diese beiden Gesetze sind daher der zweiten Gruppe zuzurechnen. Nach den F.-E.-Gesetzen dieser Gruppe, der also sämtliche deutsche Bundesstaaten außer Preußen, Bayern, Baden und Waldeck angehören, ist die F.-E. schlechthin zugelassen beim Vorliegen der Voraussetzungen der §§ 1666, 1838 B.G.B., ohne daß sie die Einschränkung enthalten, daß die F.-E. erforderlich sein muß, um die Verwahrlosung des Minderjährigen zu verhüten. In den Gesetzen dieser Bundesstaaten wird also in der Regel gesagt: Die F.-E. findet außer den Fällen der §§ 1666, 1838 B.G.B. statt,

> wenn der Minderjährige vor Vollendung seines zwölften Lebensjahres eine strafbare Handlung begangen hat (analog § 1 Ziff. 2 des preuß. Ges.), oder wenn die F.-E. zur Verhütung des völligen sittlichen Verderbens des Minderjährigen erforderlich ist (analog § 1 Ziff. 3 des preuß. Ges.).

Der praktische Unterschied zwischen beiden Gruppen ist folgender:

Nach den F.-E.-Gesetzen von Preußen, Bayern, Baden und Waldeck ist wenigstens nach der herrschenden Ansicht die F.-E. eine subsidiäre Maßnahme, die nur dann angewendet werden darf, wenn sich auf andere Weise, insbesondere durch vormundschaftsgerichtliche Anordnung gemäß §§ 1666, 1838 B.G.B. Abhilfe nicht schaffen läßt. Nach den Gesetzen der zweiten Gruppe ist es dem pflichtgemäßen Ermessen des Richters überlassen, im Einzelfall zu entscheiden, ob er auf F.-E. erkennt oder lediglich Verfügungen im Sinne der erwähnten Paragraphen des B.G.B. erlassen will[1].

Gemeinschaftlich ist beiden Gruppen, daß die Kosten der angeordneten F.-E. in der Regel nicht vollständig von den Armenverbänden zu tragen sind[2], sondern daß die Armenverbände überhaupt nicht oder doch nur anteilig an diesen Kosten beteiligt werden, die in der Hauptsache der Staatskasse oder großen Kommunalverbänden auferlegt sind. Die Armenpflege hat also durchweg ein finanzielles Interesse daran, daß im Falle der Mittellosigkeit des zu versorgenden Kindes F.-E. angeordnet, und daß nicht die Abnahme des Kindes durch Anordnung des Vormundschaftsrichters gemäß §§ 1666, 1838 B.G.B. verfügt wird.

Wegen der Einzelheiten sei auf die in Heft 64 enthaltenen Vorberichte zur Tagung des Deutschen Vereins vom Jahre 1903 in Elberfeld

---

[1] So die Oberlandesgerichte Stuttgart und Darmstadt. Das Oberlandesgericht Dresden hat sich neuerdings hinsichtlich des sächsischen F.-E.-Gesetzes auf den Standpunkt gestellt, daß beim Vorliegen der gesetzlichen Voraussetzungen die F.-E. angeordnet werden müsse. Vgl. dagegen Kraus im „Zentralblatt für freiwillige Gerichtsbarkeit und Notariat“ 1911, 7.

[2] Anders in Anhalt.

verwiesen, die zum Thema „Zwangs-(Fürsorge-)erziehung und Armenpflege" von den damaligen Referenten Schmidt-Düsseldorf, Schiller-Breslau und Köhne-Berlin erstattet wurden. Auf jener Tagung, die sich in der Hauptsache mit den in bezug auf das preußische Fürsorgeerziehungsgesetz gemachten Erfahrungen beschäftigte, wurden von verschiedenen Rednern lebhaft die durch die Rechtsprechung des Kammergerichts geschaffenen Unzuträglichkeiten und Schwierigkeiten beklagt. Letztere sind in der Zwischenzeit nicht etwa behoben worden, im Gegenteil sie sind durch die seit dem Jahre 1908 in verschiedenen Entscheidungen niedergelegte, der Rechtsprechung des Kammergerichts direkt entgegengesetzte Rechtsanschauung des preußischen Oberverwaltungsgerichts noch vermehrt worden, zum Schaden für die heranwachsende Jugend, in deren Interesse das F.-E.-Gesetz doch erlassen worden ist! Es wird sich nicht umgehen lassen, in aller Kürze auf den derzeitigen Stand des Streites und die hierdurch für die Praxis geschaffene unerquickliche Lage einzugehen.

Das Kammergericht läßt die F.-E. (wie bereits oben kurz erwähnt) in den Fällen der Ziffer 1 des preußischen Fürsorgeerziehungsgesetzes als eine subsidiäre Maßnahme nur zu, wenn auf anderm Wege der Verwahrlosung des Minderjährigen nicht vorgebeugt werden kann. Als eine derartige anderweitige Maßnahme sieht es insbesondere eine vormundschaftsgerichtliche Anordnung gemäß §§ 1666, 1838 B.G.B. an, auf Grund deren der Minderjährige außerhalb des Haushalts der ihre Erziehungspflicht schuldhaft verletzenden Erziehungsberechtigten untergebracht werden soll. Einen solchen vormundschaftsgerichtlichen Beschluß erklärt das Kammergericht im Falle der Vermögenslosigkeit des Kindes für den Armenverband als verbindlich und geeignet, eine bisher nicht vorhandene Hilfsbedürftigkeit im armenrechtlichen Sinne zu begründen (sogenannte künstliche Hilfsbedürftigkeit). Auch da, wo wie in Preußen die Aufwendung von Armenmitteln für erzieherische Zwecke nicht zu den Aufgaben der Armenpflege gehöre, sei die Armenbehörde in diesen Fällen zum Einschreiten verpflichtet, denn die vormundschaftsgerichtliche Anordnung sei in derartigen Fällen *nicht zum Zwecke der Erziehung* des Kindes, sondern lediglich zu dem Zwecke angeordnet worden, daß das Kind in Zukunft von seinen Eltern getrennt lebe. Es handle sich also nicht um Herbeiführung einer anderweitigen Erziehung, sondern um die Beschaffung des Lebensunterhalts für das Kind an einer anderen Stelle. Allerdings sei auch die bloße Unterbringung eines Kindes, welche dessen Erziehung nicht in erster Linie zum Gegenstand habe, regelmäßig unmöglich, ohne daß an ihm in seiner neuen Unterkunftsstelle gewisse Erziehungshandlungen ausgeübt würden. Zur Leistung derartiger unentbehrlicher Erziehungshandlungen sei aber der Armenverband dem Kinde in der gleichen Weise verbunden, wie einem Waisenkinde gegenüber. Wörtlich heißt es in dem Urteil vom 1. Oktober 1908[1]:

„Wie der Armenverband eine von ihm zu unterhaltende Waise nicht aufsichtslos verwildern und verkommen lassen darf, so hat er auch bei

[1] Zentralblatt für Vormundschaftswesen usw. 1909, S. 54 ff.

einem anderen hilfsbedürftigen Kinde für seine notdürftige, unerläßliche Erziehung zu sorgen, ohne daß hierin eine Erweiterung seiner Unterhaltspflicht über das in § 1 des Gesetzes vom 8. März 1871 vorgeschriebene Maß zu finden ist. Die Einbeziehung der unentbehrlichen Erziehungshandlungen in die armenrechtliche Unterstützungspflicht ist ein natürliches Gebot der öffentlichen Ordnung und Sicherheit. Sie werden auch dementsprechend von den Armenverbänden bei Waisen und anderen hilfsbedürftigen Kindern im allgemeinen anstandslos geleistet, da besondere Erziehungskosten durch sie nicht zu entstehen pflegen."

An einer andern Stelle dieses Urteils fährt das Kammergericht nach eingehender Erörterung der entgegenstehenden Praxis des ersten Senats des preußischen Oberverwaltungsgerichts fort:

„Das Vormundschaftsgericht ist auch rechtsgrundsätzlich für befugt zu erachten, im Hinblick auf die von dem verpflichteten Armenverband auf seine Kosten zu erwartende Unterbringung des Kindes die von ihm für ausreichend angesehene bloße anderweitige Unterbringung des Kindes anzuordnen und zugunsten dieser Maßregel von dessen Überweisung zur Fürsorgeerziehung abzusehen; denn es darf im allgemeinen von der Voraussetzung ausgehen, daß die Armenverbände bei der Erfüllung der ihnen obliegenden Pflichten sachgemäß und der Rechtslage entsprechend verfahren, im Notfalle aber auf Anrufen des gesetzlichen Vertreters des Kindes (Pflegers) von den zuständigen Verwaltungsbehörden mit Erfolg zur Erfüllung ihrer Pflichten angehalten werden.

Das Kammergericht erkennt ferner an, daß die Ortsarmenverbände nicht verpflichtet seien, die ihnen auf Grund derartiger vormundschaftsgerichtlicher Anordnungen zur Last fallenden Kinder außerhalb ihrer Grenzen unterzubringen. Es läßt daher in dem Ausnahmefall, wenn besondere Umstände es rechtswahrscheinlich machen, daß die Eltern ihren verderblichen Einfluß auch dann ausüben würden, wenn die Kinder an demselben Orte untergebracht würden, an Stelle vormundschaftsgerichtlicher Anordnungen die F.-E. zu."

---

An diesen Rechtsgrundsätzen hat das Kammergericht seit den ersten auf die Zulässigkeit der F.-E. in Preußen bezüglichen Entscheidungen bis auf den heutigen Tag festgehalten[1]. Mit seiner Rechtsanschauung befindet sich das Kammergericht dabei in der Hauptsache in Übereinstimmung mit den Ausführungen des höchsten armenrechtlichen Spruchgerichts, des Bundesamts für das Heimatwesen[2]. Aus einer neueren Entscheidung des Bundesamts[3] sei noch folgender Satz mitgeteilt:

„Jede von einer Behörde in den Grenzen ihrer Zuständigkeit getroffene Anordnung ist von anderen Behörden, deren Geschäftsbereich durch die Anordnung be-

[1] Vgl. z. B. die Entscheidung vom 8. Sept. 1911, Zentralblatt 1911, S. 203 ff.
[2] Vgl. z. B. 36 [53], 39 [32].
[3] Vom 20. Februar 1909, Zentralblatt 1910, S. 69.

rührt wird, zu beachten. Beschließt das Vormundschaftsgericht gemäß der Vorschrift des § 1666 B.G.B., der Mutter die Sorge für die Person des Kindes zu entziehen und dieses anderweit unterzubringen, so hat die Armenbehörde die hierdurch geschaffene Sachlage gelten zu lassen. Infolge des Beschlusses des Vormundschaftsgerichts fällt die Möglichkeit des Verbleibens des Kindes im Hause der Mutter und damit zugleich die bisherige Art seines Unterhalts fort. Ist die Mutter, wie im vorliegenden Falle, zu dessen Unterhaltung außerhalb ihres Hauses unvermögend, so wird das selbst mittellose Kind im armenrechtlichen Sinne hilfsbedürftig."

An einer anderen Stelle des Urteils heißt es:

„Die mit der Pflege des zehn Jahre alten Knaben verbundene Behütung und Bewahruug enthält nicht die Merkmale einer Fürsorgeerziehung, wie sie in dem Gesetze vom 2. Juli 1900 vorgesehen ist. Abgesehen hiervon beweist auch der von dem Kläger gezahlte mäßige Pflegesatz von 14 Mark monatlich, daß der Kläger mit der Unterbringung des Knaben in einer Familie keine außerhalb der Aufgaben der Armenpflege liegenden erzieherischen Zwecke verfolgt, sondern nur für die Gewährung des Obdachs und des Lebensunterhalts Sorge trägt."

Bemerkenswert ist an dieser bundesamtlichen Entscheidung, daß das Bundesamt es vermeidet, so allgemein wie das Kammergericht auszusprechen, daß auch in Preußen die Armenverbände verpflichtet seien, bei Kindern, die auf Grund vormundschaftsgerichtlicher Anordnungen, aber nicht lediglich im Interesse der Erziehung unterzubringen sind, Aufwendungen für die notdürftige Erziehung zu machen.

Es hatte zunächst den Anschein, als ob die Praxis der preußischen Armenpflege sich, in der Hauptsache wenigstens, trotz armenrechtlicher Bedenken, auf den Boden dieser in der kammergerichtlichen und bundesamtlichen Rechtsprechung niedergelegten Rechtsauffassung stellen würde. Seit einer Entscheidung des preußischen Oberverwaltungsgerichts vom 11. Februar 1908 [1] haben sich die preußischen Armenverbände jedoch, wenigstens vielfach, auf den entgegengesetzten Standpunkt gestellt.

Der erste Senat des preußischen Oberverwaltungsgerichts hat in der genannten Entscheidung folgende Rechtsgrundsätze aufgestellt:

1. Der Beschluß des Vormundschaftsgerichts, insoweit er die Unterbringung des Kindes zur Erziehung in einer geeigneten Familie oder Anstalt anordne, sei für den Armenverband nicht verbindlich;
2. ein auf Grund des § 1666 B.G.B erlassener vormundsschaftsgerichtlicher Beschluß, ein Kind getrennt von seiner Familie unterzubringen, vermöge eine sonst nicht vorhandene Hilfsbedürftigkeit nicht zu begründen;
3. ein derartiger Beschluß des Vormundschaftsgerichts sei seinem Inhalt nach nichts anderes als die Anordnung der F.-E.; Aufwendungen dafür seien nicht gesetzliche Aufgabe der Armenpflege;

---

[1] Preuß. Verw. Blatt 1908, Nr. 38.

4. zu Aufwendungen für Erziehungszwecke seien die Armenverbände in Preußen nicht verpflichtet.

Das preußische Oberverwaltungsgericht hat an dieser, in bewußtem Gegensatz zu der Rechtsprechung des Kammergerichts und Bundesamts stehenden Ansicht auch in der Folgezeit festgehalten.

An kritischen Betrachtungen über die juristische Haltbarkeit der beiden einander gegenüberstehenden Rechtsauffassungen ist in den letzten Jahren in der Fachpresse vieles geschrieben und auf Kongressen manches gesprochen worden, ohne daß jedoch die in Frage stehenden Gerichtshöfe sich veranlaßt gesehen hätten, von ihrem einmal eingenommenen Standpunkt abzugehen [1]. Eine nochmalige, praktisch doch unfruchtbare Kritik soll hier unterbleiben. Zur Illustration der Schwierigkeiten aber, welche der Praxis aus diesem Dualismus der Rechtsprechung erwachsen sind, sowie zur Kennzeichnung der Langwierigkeit und Umständlichkeit des Verfahrens bei der Kinderversorgung in Fällen, wo eine anderweitige Unterbringung wegen Verschuldens der Erziehungsberechtigten zur Verhütung der Verwahrlosung der Kinder unumgänglich nötig erscheint, sei auf einen in den „Mitteilungen des Waisen- und Armenamts Frankfurt a. M." 1912 Nr. 59 besprochenen Fall Bezug genommen, in dem nicht weniger als dreizehn zivil- und verwaltungsgerichtliche Entscheidungen (das Kammergericht wurde zweimal angerufen) in der Zeit vom 18. September 1909 bis zum 20. Januar 1912 ergingen, bevor es gelang, ein Kind im Wege der F.-E. geordnet unterzubringen!

Nach der Darlegung des Abgeordneten Schmedding im preußischen Abgeordnetenhaus am 20. Februar 1912 [2] bleiben von den auf Grund der §§ 1666, 1838 B.G.B. in Preußen ergangenen Gerichtsbeschlüssen etwa 200 bis 300 jährlich unausgeführt.

Die Unhaltbarkeit des gegenwärtigen Zustandes wurde auch im Schoße der preußischen gesetzgebenden Körperschaften anerkannt. Am 20. Februar 1912 kam im preußischen Abgeordnetenhaus ein Antrag der Abgeordneten Schmedding und Genossen zur Verhandlung, in welchem verlangt wurde, dem § 1 Ziffer 1 des F.-E.-Gesetzes eine andere Fassung zu geben. Der Antrag lautet:

„Das Haus der Abgeordneten wolle beschließen, die Königliche Staatsregierung zu ersuchen, in authentischer Auslegung des § 1 Nr. 1 F.-E.-Gesetz vom 2. Juli 1900 demselben folgende Fassung zu geben: Daß ein Minderjähriger, welcher das 18. Lebensjahr noch nicht vollendet hat, der F.-E. überwiesen werden kann, wenn die Voraussetzungen des § 1666 oder des § 1838 B.G.B. vorliegen und die anderweitige Unterbringung zur Verhütung der Verwahrlosung erforderlich ist, aber nicht ohne Inanspruchnahme öffentlicher Mittel erfolgen kann."

Vom Regierungstisch wurde die Erklärung abgegeben, daß die

---

[1] Es sei auf die Aufsätze von Riese im Preuß. Verw.-Blatt, Bd. 30, S. 318, von Schmitz in der Deutschen Juristenzeitung, Bd. 13, S. 1361 und auf die Verhandlungen des Allgemeinen Fürsorgeerziehungstages 1908, S. 129 ff. verwiesen.

[2] Zentralbl. für Vorm. Wesen 1912, S. 273.

Regierung in eine Prüfung der Frage eingetreten sei, ob und in welcher Beziehung zur Erreichung dieses Zieles eine Änderung des Gesetzes erforderlich sei; denn es komme auch in Frage, ob die Beseitigung der gerügten Mängel auf dem Boden der bestehenden Gesetze möglich sei.

Der Antrag Schmedding ist von richterlicher Seite mehrfach bekämpft worden [1]. Vor allem wurde eingewendet, es würde unsozial wirken, wenn gesetzlich festgelegt würde, daß Kinder aus unbemittelten Familien stets in F.-E. gebracht, und damit von dem Makel des Fürsorgezöglings getroffen werden sollten, während bei Kindern aus wohlhabenden Familien vormundschaftsgerichtliche Maßnahmen außerhalb der F.-E. genügen sollten. Die F.-E. sei aber nicht in allen Fällen der Verwahrlosungsgefahr empfehlenswert, wie vom Kammergericht und Oberverwaltungsgericht übereinstimmend anerkannt werde; die wahllose Zuführung aller Jugendlichen, die aus ihrer bisherigen Umgebung entfernt werden müßten, zur F.-E. würde die weitere beklagenswerte Folge haben, daß das Interesse der Gemeinden und der freien Liebestätigkeit für Jugendliche mehr und mehr zurückgedrängt würde, indem man sich durch den Hinweis auf die gesetzliche F.-E. von jeglicher Pflicht persönlicher Hilfe entbunden glaube.

Diese Bedenken scheinen uns zum Teil nicht unberechtigt zu sein; es kommt aber noch hinzu, daß nach der Begründung des Antragstellers auch bei Annahme des Antrags Schmedding die F.-E. eine subsidiäre Maßnahme bleiben soll. Der Richter wäre also nicht genötigt, in allen Fällen der Abnahme von unbemittelten Kindern von vormundschaftsgerichtlichen Maßnahmen abzusehen und F.-E. auszusprechen, und nach den bisherigen Erfahrungen ist zu erwarten, daß letzteres auch nach Annahme des Abänderungsantrags nicht in allen Fällen der Vermögenslosigkeit der unterzubringenden Kinder geschehen würde. Es wäre also auch bei Annahme des Antrags Schmedding keine durchgreifende Besserung der bestehenden Mißstände geschaffen. Eine solche Besserung wird nur auf anderem Wege zu erzielen sein.

Man mag das F.-E.-Gesetz im Sinne des Antrags Schmedding abändern, oder man mag noch weiter gehen und die Subsidiarität der F.-E. im Falle § 1 Ziff. 1 des Gesetzes beseitigen, wie es in den F.-E.-Gesetzen der oben zur zweiten Gruppe gerechneten zahlreichen Bundesstaaten der Fall ist; es werden sich immer Richter finden, die — mit Recht oder Unrecht sei dahingestellt — der Ansicht sind, daß nicht in allen Fällen der Abnahme von vermögenslosen Kindern F.-E. am Platze ist, daß es nicht verantwortet werden kann, kleine, unverdorbene Kinder im jugendlichsten Alter in F.-E. zu nehmen und den Kreis der Zwangszöglinge durch eine derartige Praxis immer mehr zu vergrößern. Wenn auch mit Recht betont wird, daß die F.-E.-Gesetze nicht beabsichtigen, mit der Zwangserziehung irgendeine Strafe oder einen Nachteil gegenüber dem Zögling zu verknüpfen, so wird doch in der Praxis häufig die Erfahrung gemacht, daß die Zwangserziehung dem Kinde einen Makel auf-

---

[1] Vgl. die Aufsätze von Borchardt und Mosler im Zentralblatt für Vormundschaftswesen usw. 1912, S. 274 und 281.

drückt, der ihm das spätere Fortkommen erschwert, und der nicht selten schon seiner Unterbringung in eine geeignete Lehr- oder Dienststelle Schwierigkeiten bereitet; denn in weiten Kreisen des Volkes werden die der F.-E. unterworfenen Minderjährigen als vom Staate selbst gekennzeichnete minderwertige und bereits verdorbene Menschen angesehen, denen man vielfach mit Mißtrauen oder doch mit Zurückhaltung begegnet.

Man wird es daher den Vormundschaftsrichtern nicht verübeln können, wenn sie in ihren Entscheidungen auf eine derartige Volksstimmung Rücksicht nehmen und nicht alle Fälle der Gefährdung Minderjähriger zur Verhängung der F.-E. für geeignet halten. Daß eine dahingehende Praxis der Vormundschaftsrichter auch in denjenigen Staaten besteht, die wir oben der zweiten Gruppe zugerechnet haben, in denen also die F.-E. in dem der Ziffer 1 des preußischen F.-E.-Gesetzes entsprechenden Fall keine bloß subsidiäre Maßnahme ist, wo der Richter vielmehr die freie Wahl hat, ob er § 1666 B.G.B. oder F.-E. anwenden will, mag aus dem Ergebnis der nachstehenden Umfrage[1] ersehen werden. Wir hatten darin um Auskunft gebeten, ob Armenmittel in den Fällen zwangsweiser Trennung von Kindern von den Erziehungsberechtigten im Wege vormundschaftsgerichtlicher gemäß §§ 1666, 1838 B.G.B. erlassener Anordnung aufgewendet würden. Wenn wir von Preußen, Bayern und Baden absehen, haben 4 sächsische, 2 württembergische, 2 hessische Städte, ferner die Städte Bernburg, Dessau, Detmold, Wismar, Schwerin, Braunschweig, Bremen, Hamburg, Eisenach und Bückeburg die gestellte Anfrage bejaht. Die weiter gestellte Anfrage, ob die Wahrnehmung gemacht wurde, daß die Gerichte Neigung haben, gemäß §§ 1666, 1838 B.G.B. Anordnungen zu treffen und dem Armenverband die Fürsorge zu überlassen in Fällen, in denen die Voraussetzungen zur Unterbringung zur F.-E. gegeben schienen, wurde von 2 sächsischen, 2 württembergischen, 3 hessischen Städten, ferner von Mühlhausen i. E., Eisenach und Oldenburg bejaht[2].

Hiernach darf als feststehend angenommen werden, daß in allen Bundesstaaten mit einer weitgehenden Neigung der Gerichte gerechnet werden muß, geeignetenfalls anstelle der F.-E. Maßnahmen gemäß §§ 1666, 1838 B.G.B. zu erlassen. Es ist dringend notwendig, insbesondere auch vom Standpunkt der Armenpflege, um einer künftigen schwereren Belastung der Armenetats vorzubeugen, daß diese vormundschaftsgerichtlichen Beschlüsse wenigstens in den Fällen, wo die Abnahme der Kinder unumgänglich notwendig ist, auch ausgeführt werden. Die ganzen Schwierigkeiten in Preußen sind die Folgen des Umstandes, daß es an einer Finanzierung dieser Maßregeln fehlt, sobald die unterzubringenden

---

[1] Der Wortlaut der Umfrage ist im Anhang abgedruckt; vgl. Frage f daselbst. Die Umfrage wurde an 170 große, mittlere und auch kleinere Städte aller Bundesstaaten verschickt. Sie wurde beantwortet von 147 Städten, darunter 81 preuß., 12 bayer., 10 sächs., 10 bad., 4 württemb., 4 elsaß-lothr. und 3 hess. Städten.

[2] Die erste Anfrage haben ferner 52 preuß., 7 bad. und 4 bayer. Städte bejaht. Die zweite Anfrage wurde von nicht weniger als 40 preuß., 7 bad. und 3 bayer. Städten bejaht. Mehrfach wurde zum Ausdruck gebracht, daß sich ein geradezu unhaltbarer Zustand entwickelt habe, der dringend der Abhilfe bedürfe.

Kinder vermögenslos und die Eltern nicht fähig oder nicht bereit sind, für die Kosten der anderweitigen Unterbringung aufzukommen. Die Armenpflege versagt, weil wenigstens nach der unseres Erachtens zutreffenden herrschenden Ansicht, die in konstanter Rechtsprechung vom Bundesamt und vom preußischen Oberverwaltungsgericht vertreten wird, die Erziehung und zwar auch die notdürftige Erziehung in Preußen nicht Gegenstand der Armenpflege ist, und diese vormundschaftsgerichtlichen Maßnahmen doch überwiegend im erziehlichen Interesse der zu versorgenden Kinder erlassen werden. Eine andere Institution als die Armenpflege, die zu den Kosten herangezogen werden könnte, ist aber nicht vorhanden. Die hier klaffende Lücke muß ausgefüllt werden.

Es sind zwei Möglichkeiten denkbar:

Die eine Möglichkeit ist die, welche wir bereits im zweiten Abschnitt angedeutet haben:

Es könnten durch entsprechende Zusatzbestimmungen zu den Fürsorgeerziehungsgesetzen die gemäß §§ 1666, 1838 B.G.B. ergehenden Anordnungen, soweit die Abnahme der Kinder verfügt wird, der Anordnung der F.-E. gleichgestellt, d. h. bezüglich der Durchführung und der Kostentragung wie Zwangserziehungsfälle behandelt werden. Dies wäre die wirksamste, aber auch die radikalste Lösung des Problems, und wir möchten wünschen, daß diese Regelung das Endziel der Entwicklung sein möge. Wir glauben aber nicht, daß es möglich sein wird, in der nächsten Zeit eine einheitliche Regelung auf dieser Basis zu erreichen. Die Mißstände nämlich, die nach unseren Ausführungen in Preußen bestehen, sind in anderen Bundesstaaten nicht oder nicht in demselben Maße zu Tage getreten, vor allem nicht in denjenigen Bundesstaaten, bei denen die Erziehung einen Gegenstand der öffentlichen Armenpflege bildet. Es ist nicht anzunehmen, daß diese Bundesstaaten ohne zwingenden Grund zu einer so weitgehenden Abänderung ihrer zum Teil erst in den letzten Jahren (vgl. z. B. Sachsen und Hamburg) erlassenen und in der Praxis bewährten Zwangserziehungsgesetze sich entschließen würden. Daß speziell die preußische Gesetzgebung in absehbarer Zeit zu diesem Radikalmittel greifen würde, das eine Abänderung der derzeitigen Grundlagen der Zwangserziehung zur Voraussetzung hätte, das aber in seiner Tragweite und seinen Einzelwirkungen noch nicht genügend geklärt und geprüft ist, erscheint ebenso wenig wahrscheinlich. Jedenfalls würden wohl bei der bekannten Langsamkeit, mit der die Gesetzgebungsmaschine bei grundsätzlichen Neuerungen zu arbeiten pflegt, eine Reihe von Jahren bis zu einer derartigen Reform vergehen. Bis dahin aber würde, zum Nachteil für die schutzbedürftige Jugend, der Kampf der verschiedenen Rechtsauffassungen weiter gehen, während eine schleunige Abhilfe not tut. Wir möchten deshalb empfehlen, die bestehende Lücke auszufüllen durch Aufnahme der Erziehung unter die Pflichtleistungen der Armenpflege in denjenigen Bundesstaaten, die bisher dahingehende Bestimmungen nicht haben. Eine derartige Regelung wäre nicht nur geeignet, in diesen Fällen, wenn auch nicht eine restlose Beseitigung, so doch eine erhebliche

Besserung der beschriebenen Mißstände herbeizuführen, sie ist auch, wie wir weiter unten zeigen werden, auf anderen Gebieten des Kinderschutzes dringend erforderlich.

Gegen die Aufnahme der Erziehung in den Kreis der Aufgaben der öffentlichen Armenpflege sind mancherlei Bedenken erhoben worden. Auf dem Allgemeinen Fürsorgeerziehungstag 1908 haben insbesondere Schmidt (Mainz) und Wevers (Worms) die Ansicht vertreten, daß mit der Übernahme der notdürftigen Erziehung, deren Begriffsbestimmung auch nur schwer möglich sei, auf die Armenpflege wenig geholfen sei; die Praxis brauche eine standesgemäße und vollkommene Erziehung und diese könne die Armenpflege doch nicht bieten. Es wird daher zunächst nötig sein, den Begriff der notdürftigen Erziehung zu umschreiben und seine Tragweite darzulegen.

Der zivilrechtliche Begriff der Erziehung ergibt sich aus den §§ 1610, 1611 und 1631 B.G.B. § 1610 lautet:

„Das Maß des zu gewährenden Unterhalts bestimmt sich nach der Lebensstellung des Bedürftigen (standesmäßiger Unterhalt).

Der Unterhalt umfaßt den gesamten Lebensbedarf, bei einer der Erziehung bedürftigen Person auch die Kosten der Erziehung und der Vorbildung zu einem Berufe."

Nach § 1611 Abs. 1 kann, wer durch sein sittliches Verschulden bedürftig geworden ist und ebenso der Abkömmling usw., der sich einer Verfehlung schuldig macht, die den Unterhaltspflichtigen berechtigt, ihm den Pflichtteil zu entziehen, nur den notdürftigen Unterhalt verlangen; nach § 1631 umfaßt die Sorge für die Person des Kindes das Recht und die Pflicht, das Kind zu erziehen [1].

Nach den Motiven zum B.G.B. [2] umfaßt die Erziehungsgewalt das Recht und die Pflicht, in einer dem Interesse, den Fähigkeiten und Anlagen sowie den sonstigen Verhältnissen des Kindes entsprechenden Weise für die körperliche, geistige und sittliche Ausbildung zu sorgen, dasselbe zu einem Lebensberufe fähig zu machen und zur Erreichung dieses Zieles überhaupt die Handlungen des Kindes zu leiten.

Die Anlagen und Fähigkeiten des Kindes bilden hiernach die Grundlage für die Mindestleistung der Erziehung; aber die Erziehungserfordernisse, die sich hieraus ergeben, werden, abgesehen von der Alimentationsfähigkeit des Verpflichteten, ihrem Umfang nach durch die Lebensstellung des Kindes bestimmt: Die Erziehung muß und braucht nicht mehr als eine standesmäßige, d. h. den aus der Abstammung und Zugehörigkeit zu seiner Familie sich ergebenden Lebensverhältnissen des Kindes entsprechende zu sein [3]. Das Kind hat also nur Anspruch auf eine Erziehung, die der sozialen Schicht entspricht, zu der es durch die

---

[1] Vgl. zu dem folgenden die eingehende Abhandlung von Polligkeit über „Das Recht des Kindes auf Erziehung" im Jahrbuch der Fürsorge 1907, S. 1 ff.

[2] Motive IV, S. 750.

[3] Oberlandesgericht Karlsruhe vom 22. Januar 1904, zitiert bei Polligkeit a. a. O. S. 42.

Lebensverhältnisse seiner Familie gehört. Es besteht keine Verpflichtung für Eltern, die den unteren Schichten angehören, ihre Kinder ein Handwerk erlernen zu lassen. Ein dem gewöhnlichen Arbeiterstande angehöriger Vater ist berechtigt, zu bestimmen, daß sein Kind nach der Schulentlassung sofort einen ungelernten Beruf ergreift, um seinen Unterhalt möglichst vollständig selbst zu verdienen. Auch dann, wenn das Kind nach seinen Anlagen und Fähigkeiten zu einem gelernten Beruf fähig wäre, wird es in diesem Falle einen Anspruch auf eine weitergehende etwa handwerksmäßige Ausbildung nicht haben.

Das B.G.B. kennt aber auch eine notdürftige Erziehung in den oben angeführten Fällen des § 1611. Aus dem B.G.B. selbst ist eine genaue Umschreibung des Umfangs dieser notdürftigen Erziehung nicht zu entnehmen. Ein Urteil des Reichsgerichts [1] führt folgendes aus:

„Eine Begriffsbestimmung des notdürftigen Unterhalts gibt das B.G.B. nicht. Der notdürftige Unterhalt umfaßt seinem Inhalte nach allerdings ebenso wie der standesmäßige Unterhalt den gesamten Lebensbedarf der Person (§ 1610 Abs. 2 Begründung IV, 698; § 1488 Abs. 1 Entwurf 1). Die Bestimmung im § 1610 Abs. 2 ist also nicht nur für den standesmäßigen, sondern auch für den notdürftigen Unterhalt maßgebend. Dagegen unterscheidet sich der notdürftige vom standesmäßigen Unterhalt in Ansehung des Maßes der zur Befriedigung der Lebensbedürfnisse zu gewährenden Mittel. Diese sind beim notdürftigen Unterhalt — anders als beim standesmäßigen — nur auf das unbedingt Notwendige zu bemessen. Was zum Lebensbedarf einer Person gehört, und wie viel zu dessen Deckung bei Gewährung des notdürftigen Unterhalts ausreicht, ist nach den Umständen des einzelnen Falles unter Beachtung des § 1610 Abs. 2 zu beurteilen."

Man wird analog sagen können, die notdürftige Erziehung ist die unbedingt notwendige Erziehung, bemessen nach den Verhältnissen des Einzelfalles. Ihr Ziel muß sein, dem Kinde unter Berücksichtigung der körperlichen und geistigen Veranlagung diejenige Ausbildung zu geben, die es befähigt, sich durch Erwerbstätigkeit die wirtschaftlichen Mittel zu seinem notdürftigen Unterhalt zu beschaffen. Da auch die notdürftige Erziehung die Ausbildung des Kindes mitumfaßt [2], wird sie sich praktisch wenig von jener standesmäßigen Erziehung unterscheiden, welche dem ungelernten Arbeiterstande angehörige Eltern ihren Kindern zu geben verpflichtet sind.

Der Begriff der notdürftigen Erziehung, der sich hiernach für das B.G.B. ergibt, kann ohne Bedenken als Unterlage für die Bestimmung des gleichen armenrechtlichen Begriffs herangezogen werden. Es ist klar, daß da, wo die Erziehung einen Gegenstand der Armenfürsorge bildet, die Armenpflege immer nur zur Gewährung der notdürftigen Erziehung verpflichtet sein kann; denn: „Das Armen-

[1] Juristische Wochenschrift 1907, S. 711.

[2] Vgl. Staudingers Kommentar zum B.G.B. Anmerkung 3a zu § 1610 sowie die Literaturangaben bei Polligkeit a. a. O. S. 31.

pflegegesetz beschränkt die armenrechtlich gebotene Unterhaltsgewährung in jeder Beziehung, also auch hinsichtlich der Erziehung, auf das Notdürftige, das Unentbehrliche [1]."

Bei Gewährung dieser notdürftigen Erziehung wird der verpflichtete Armenverband auf die Anlagen und Fähigkeiten des Kindes insoweit Rücksicht zu nehmen haben, als eine abnorme Veranlagung (geistige und körperliche Gebrechen) in der Regel eine weitergehende Erziehung als bei normalen Kindern bedingt.

Ist nun diese notdürftige Erziehung praktisch eine so verschiedene von der standesmäßigen, welche das B.G.B. als Regel ansieht? Die Frage ist zu verneinen. Denn die Kinder, deren Erziehung den Armenverbänden zufällt, entstammen zum weitaus überwiegenden Teil den untersten Schichten, dem ungelernten Arbeiterstande. Wir haben oben gezeigt, daß diese Kinder auch dann, wenn sie nach dem B.G.B. eine standesmäßige Erziehung von ihren Eltern beanspruchen können, regelmäßig nur verlangen können, wieder in der sozialen Schicht gehalten zu werden, der sie entstammen. Man wird sagen dürfen, daß die Armenpflege, wenn sie den ihr zur Last gefallenen Kindern eine notdürftige Erziehung gibt, damit dieselben Erziehungsleistungen gewährt, welche jene Kinder beim Verbleiben im elterlichen Haushalt regelmäßig zu erwarten haben.

Die berufliche Ausbildung bildet nach der obigen Definition einen Bestandteil der notdürftigen Erziehung. Immerhin empfiehlt es sich, entsprechend der Bestimmung des badischen Armengesetzes die Erwerbsbefähigung neben der Erziehung ausdrücklich unter die Gegenstände der armenrechtlichen Fürsorge aufzunehmen, damit außer Zweifel gestellt ist, daß die Armenpflege befugt und verpflichtet ist, sich auch, abgesehen von den Fällen der Ausbildung nicht vollsinniger Kinder, jener Ausnahmefälle anzunehmen, in denen z. B. schwächliche Kinder bei Schulentlassung noch nicht befähigt sind, ihr Brot selbst zu verdienen [2], oder in denen wegen psychischer oder körperlicher Minderwertigkeit Anstaltserziehung über das vierzehnte Jahr hinaus in Frage kommt.

Die Regel wird die sein, daß die armenrechtliche Erziehung als mit Vollendung der Schulpflicht abgeschlossen gelten kann [3]. Der Armenverband wird also in diesem Zeitpunkte einen Minderjährigen, dessen Erziehung er infolge vormundschaftsgerichtlicher Anordnung oder aus sonstigen Gründen übernommen hat, aus seiner Fürsorge entlassen können, wenn nicht etwa eine Generalvormundschaft besteht, die ihn unter Umständen zu weiterer Fürsorge verpflichtet.

Über diese Frage der Dauer der armenrechtlichen Erziehung hat sich das Bundesamt [4] für das Geltungsgebiet des säch-

---

[1] Urteil des badischen Verwaltungsgerichtshofs vom 11. Mai 1910, bad. Verwaltgs.-Zeitschrift 1911, S. 45.

[2] Vgl. die Ausführungen hierüber unter 4 „Gewährung von Ausrüstungen und Lehrgeld".

[3] Vgl. oben ersten Abschnitt.

[4] 38 [103], 41 [54], 44 [29].

sischen Armenrechts unter Berücksichtigung der Fassung des § 33 der sächsischen Armenordnung dahin ausgesprochen, daß in Sachsen grundsätzlich die Kindererziehung nur während des schulpflichtigen Alters Gegenstand der Armenfürsorge sei; dies schließe aber nicht aus, eine im Kindesalter begonnene und über das vierzehnte Lebensjahr fortgesetzte Erziehung bis zu ihrer Beendigung als Armenfürsorge zu behandeln. Darüber hinausgehend hat sowohl das sächsische Oberverwaltungsgericht[1], als auch der badische Verwaltungsgerichtshof[2] angenommen, daß sich die armenrechtliche Fürsorge unter Umständen auch auf Minderjährige erstrecke, für welche ein Erziehungsbedürfnis sich im späteren Alter herausstelle. Das angeführte Urteil des badischen Verwaltungsgerichtshof führt hierüber aus:

„In der Tat läßt sich ein bestimmter Zeitpunkt, mit welchem das Erziehungswerk beendet sein muß, nicht dekretieren. Dies richtet sich vielmehr ganz nach den besonderen Verhältnissen des einzelnen Falles.... So wird man als Regel zwar anerkennen dürfen, daß die unentbehrliche Erziehung im Sinne der armenrechtlichen Bestimmungen mit der vollendeten Schulpflicht gleichfalls beendet ist. Dies schließt jedoch die Verpflichtung der Armenverbände nicht aus, beim Vorliegen besonderer Umstände das Erziehungswerk auch über das schulpflichtige Alter hinaus noch fortzusetzen oder dasselbe wieder aufzunehmen, sofern sich die Notwendigkeit hierzu herausstellt, so lange ein Minderjähriger am Maßstab der Familienschutzbedürftigkeit gemessen als noch im kindlichen Alter stehend anzusehen ist."

Es darf behauptet werden, daß die Armenpflege mit dieser notdürftigen Erziehung, wenn sie sich der in diesen Entscheidungen niedergelegten Rechtsauffassung anschließt, imstande ist, auch die Erziehung der ihr auf Grund vormundschaftsgerichtlicher Anordnung anheimgefallenen Kinder in befriedigender Weise durchzuführen. Und in der Tat haben sich bei Abnahme von Kindern in diesen Fällen nach unseren Erfahrungen Schwierigkeiten nicht ergeben.

Das gelegentlich schon zum Ausdruck gebrachte Bedenken, daß die Eltern vielfach nach Vollendung der Schulzeit ihre Kinder zurückverlangen würden, und daß damit für letztere die Gefahr bestehe, sie würden alsdann wieder in ihre früheren schlechten Verhältnisse zurückkommen, wird im allgemeinen nicht gerechtfertigt sein. Denn die Gerichte sind in der Lage, ihre Anordnungen (Trennung der Kinder von den Eltern) auch über das vierzehnte Lebensjahr des Kindes aufrechtzuerhalten und den Eltern die Verfügung über letzteres vorzuenthalten, gegebenenfalls wird der Hinweis auf die Strafbestimmung des § 235 R.St.G.B. die Eltern von Eingriffen in die angeordnete Erziehung abhalten.

Bei einem verständigen Handinhandarbeiten der Armenverwaltungen mit den Vormundschaftsrichtern wird es sich auch erreichen lassen, daß die Gerichte nur bei noch unverdorbenen sogenannten „guten Kindern schlechter Eltern" und nur dann von F.-E. absehen werden, wenn von

---

[1] Jahrbuch der Entscheidungen 10, S. 109 ff.
[2] Bad. Verwaltgs.-Zeitschrift 1911, S. 45 ff.

seiten der Eltern störende Eingriffe in die armenrechtliche Erziehung nicht zu besorgen sind. Auch das Kammergericht hat sich ja dahin ausgesprochen, daß dann, wenn solche Störungen zu erwarten sind, ohne weiteres F.-E. anzuordnen ist.

Wir arbeiten in Mannheim mit drei Abteilungen des Vormundschaftsgerichts, bei denen in den letzten Jahren ein ziemlich häufiger Richterwechsel stattfand; wir können mit Befriedigung feststellen, daß hier stets nur in einer verhältnismäßig geringen Anzahl von Fällen und nur dann, wenn wir selbst diese Fälle als zur F.-E. nicht geeignet ansahen, von letzterer Umgang genommen und gemäß §§ 1666, 1838 Anordnungen getroffen wurden. So haben wir z. B. im Jahre 1911 auf Grund solcher Anordnungen nur 6 Kinder untergebracht, während bei 64 F.-E. verfügt wurde. Von einer hierdurch verursachten übermäßigen finanziellen Belastung der Armenpflege kann kaum gesprochen werden, namentlich wenn man bedenkt, daß in fast allen Bundesstaaten die Armenpflege auch bei Anordnung der F.-E. wenigstens einen Teil der Kosten zu tragen hat. Es ist auch zu beachten, daß die Armenverbände in jedem Einzelfall selbständig darüber zu entscheiden haben, auf welche Weise sie die ihrer Fürsorge überlassenen Kinder im Hinblick auf die ihnen zu Gebote stehenden Einrichtungen und Unterkunftsmöglichkeiten am zweckmäßigsten unterbringen. Eine etwaige Anordnung des Vormundschaftsgerichts, die Kinder in einer bestimmten Weise zu versorgen, ist für den Armenverband zweifellos nicht verbindlich[1]. Jetzt schon haben, wie wir aus dem Ergebnis der Rundfrage ersehen haben, eine Reihe von Armenverbänden auch in Preußen sich zu Aufwendungen bei zwangsweiser Abnahme von Kindern durch vormundschaftsgerichtliche Verfügung verstanden, in der richtigen Erkenntnis, daß sich diese Aufwendungen in der Zukunft mehr als bezahlt machen. Und in der Tat stehen die hierfür im Interesse einer vorbeugenden Armenpflege aufgewendeten Kosten in keinem Verhältnis zu den Kosten, die der Armenpflege und dem Staate später erwachsen, wenn die der Verwahrlosung ausgesetzten Kinder bis zur Austragung der Streitfrage, ob F.-E. anzuordnen ist oder ob vormundschaftsgerichtliche Maßnahmen ausreichen, in ihrem Milieu verbleiben und durch den unheilvollen Einfluß ihrer Umgebung sittlich und vielleicht auch körperlich zugrunde gerichtet werden. Ob es freilich angezeigt ist, kleinen Ortsarmenverbänden mit geringen Mitteln und oft fehlender Einsicht die Erziehung solcher der Verwahrlosung ausgesetzten Kinder in die Hand zu geben, darüber wird am Schlusse dieses Abschnittes noch einiges auszuführen sein.

Wir haben damit nur einen Teil der Fälle besprochen, in denen die Armenpflege in die Lage kommen kann, aus erzieherischen Rücksichten Kinder außerhalb ihrer Familien zu versorgen. Der § 1666 B.G.B. gibt die Handhabe für ein Einschreiten des Vormundschaftsgerichts nur unter der Voraussetzung, daß ein schuldhaftes Verhalten der

---

[1] 41[76].

Eltern vorliegt[1]. Werden unter elterlicher Gewalt stehende Kinder vernachlässigt, ohne daß den Eltern ein subjektives Verschulden beizumessen ist, so kommt die Abnahme der Kinder nach § 1666 überhaupt nicht, die Anordnuug der F.-E. aber nur in den seltenen Fällen in Frage, wo die Verwahrlosung bereits soweit vorgeschritten ist, daß F.-E. zur Verhütung des völligen sittlichen Verderbens notwendig wird. Man hat vielfach in der praktischen Fürsorgearbeit diese Lücke bedauert, welche hier in der Fürsorge für gefährdete Kinder besteht.

Liegt die Ursache der Erziehungsnot der Kinder lediglich in der Armut der Eltern, so wird man in den meisten Fällen durch Gewährung einer, auch zur Ermöglichung einer einwandfreien Erziehung ausreichenden Armenunterstützung Abhilfe schaffen können[2]. Das Beschreiten dieses Weges ist aber dann nicht möglich, wenn die Eltern wegen geistiger Gebrechen, in selteneren Fällen auch wegen körperlicher Gebrechen und schwerer körperlicher Krankheit, überhaupt nicht in der Lage sind, die Kinder richtig zu erziehen. Hierher gehören insbesondere die Fälle von ausgesprochener Geisteskrankheit, sowie auch manche Fälle von hochgradiger Geistesschwäche und sonstiger geistiger Minderwertigkeit der Erziehungsberechtigten.

Ist es dem Erziehungsberechtigten bei seinem Zustand nicht möglich, eine ordnungsmäßige erzieherische Einwirkung auf seine Kinder auszuüben, und ist auch beim Vorhandensein beider Eltern von dem geistig gesunden Elternteil infolge Energielosigkeit, Gleichgültigkeit oder aus anderen Gründen nicht zu erwarten, daß er ein Gegengewicht gegen den unheilvollen Einfluß des kranken zu bieten vermag, so wird in manchen Fällen der Erziehungsnotstand ein so großer werden, daß er nur durch Abnahme und anderweitige Unterbringung der gefährdeten Kinder behoben werden kann. Daß die Armenpflege zum Zwecke der Verhütung künftiger erheblicher Mehraufwendungen ein Interesse daran hat, derartige Kinder, bei denen sich schon die Spuren des unheilvollen Einflusses des Elternhauses bemerkbar machen, in geordnete Verhältnisse zu bringen, kann nicht zweifelhaft sein. Versagen die Jugendschutzvereine und die Privatwohltätigkeit, ist es nicht möglich, durch Aufnahme der gefährdeten Kinder in Kinderkrippen, Jugendhorte usw. der drohenden Gefahr ausreichend zu begegnen, so wird die Armenpflege auch äußerstenfalls vor einer Abnahme der gefährdeten Kinder auf öffentliche Kosten nicht zurückschrecken dürfen. Es fragt sich aber, ob die Armenpflege in den Bundesstaaten, wo Erziehung nicht Armenaufgabe ist, hierzu befugt und verpflichtet ist. Das Bundesamt hat für dieses Rechtsgebiet in konstanter Rechtsprechung Aufwendungen für erzieherische Zwecke dann, wenn die Erziehung nur akzessorischen Charakter trägt und der Schwerpunkt der Armenpflege in der Gewährung des materiellen Lebensunterhalts

[1] Die Anwendbarkeit des § 1838 B.G.B. ist von dieser Voraussetzung nicht abhängig; die Vorschrift dieses Paragraphen wird aber praktisch sehr viel weniger als § 1666 in Betracht kommen.

[2] Vgl. die folgenden Ausführungen unter Ziff. 2.

liegt, als gesetzlich und erstattungsfähig anerkannt, es hat dies aber verneint für die Fälle, in denen die Aufwendungen lediglich oder vornehmlich im erzieherischen Interesse gemacht werden. Die Grenzen zwischen beiden Arten sind aber außerordentlich flüssig und im einzelnen Fall schwer zu ziehen. Sind die Eltern, deren Kind abgenommen werden soll, zwar befähigt, demselben in ihrem Haushalt den materiellen Unterhalt zu gewähren, aber nicht in der Lage, die Kosten einer Unterbringung außerhalb des Hauses zu bestreiten, so wird man die durch Abnahme des Kindes entstehenden Aufwendungen als lediglich im erzieherischen Interesse gemacht und deshalb als gesetzlichen Armenaufwand nicht ansehen können [1].

Wie unbefriedigend die Rechtslage in Preußen ist (und ebenso natürlich in den übrigen Bundesstaaten, in denen die Erziehung nicht zu den Aufgaben der Armenpflege gehört), und wie wünschenswert es erscheint, daß die Armenverwaltungen sich nicht auf den engen gesetzlichen Standpunkt stellen, sondern darüber hinausgehen und in geeigneten Fällen ihr Eingreifen nicht versagen, hat schon Flesch in den Verhandlungen der Leipziger Tagung des Vereins vom Jahre 1895 [2] zutreffend dargelegt. Daß aber die Armenverwaltungen eine gewisse häufig nicht im Interesse der Sache gelegene Zurückhaltung üben, wird man ihnen im Hinblick auf die bundesamtliche Rechtsprechung nicht verübeln können. Es sei z. B. auf das Urteil des Bundesamts vom 11. Februar 1899 [3] verwiesen. In diesem Urteil wurde dem klägerischen Armenverbande, der zwei Kinder einer Witwe abgenommen und in zwei selbständige Stiftungen bildende Erziehungs- und Waisenanstalten untergebracht hatte, der Erstattungsanspruch versagt, obwohl die Mutter der Kinder bis zur Aufnahme in die Anstalten Beihilfen zu deren Unterhalt empfangen hatte. Das Bundesamt erkennt zwar an, „daß durch die Aufnahme der Kinder in einem gewissen Grade einem armenrechtlichen Bedürfnis der Familie genügt wurde", es weist aber den Erstattungsanspruch ab, weil „beide Anstalten Erziehungszwecke verfolgen, also Aufgaben dienen, die außerhalb des Gebiets der Armenpflege liegen, und weil nach Lage der Akten kein Zweifel darüber besteht, daß die Unterbringung der Kinder aus erziehlichen Gründen erfolgt ist". Dazu komme, daß nicht ersichtlich sei, „wieviel von dem liquidierten Pauschsatz von 50 Pfennigen für jedes Kind auf die Kosten der Erziehung, wieviel auf sonstige Bedürfnisse entfällt".

---

[1] Zu dem entgegengesetzten Resultat wird man in den verwandten Fällen kommen, wenn alleinstehende Personen, z. B. Witwer, die ihrem Erwerb nachgehen müssen, bei einer sehr großen Kinderzahl nicht in der Lage sind, diese Kinder genügend zu versorgen, zu beaufsichtigen und zu erziehen. Auch hier wird manchmal die Abnahme derjenigen Kinder, welche die Arbeitsfähigkeit des Ernährers am meisten hemmen, in Frage kommen, die Erziehungsnot wird aber hier meistens mit dem finanziellen Unvermögen, allen Kindern die richtige Ernährung und Pflege zu geben, verbunden sein. Hier wird man deshalb von einer vornehmlich aus erzieherischen Rücksichten eingeleiteten Armenfürsorge nicht sprechen können. Diese Fälle sollen deshalb auch hier ausscheiden.

[2] Heft 23 der Vereinsschriften, insbes. S. 109 ff.

[3] 31 [40].

Unter Ziffer g des Fragebogens[1] haben wir angefragt, welche Armenverbände (abgesehen von den Fällen der §§ 1666, 1838 B.G.B.) ausschließlich oder vornehmlich aus erzieherischen Rücksichten Armenmittel aufwenden in Fällen freiwilliger Abgabe von Kindern bei ungenügender Erziehung durch die Erziehungsberechtigten. Diese Anfrage wurde von 26 preußischen Städten und 3 weiteren Städten, nach deren Landesgesetzen Erziehung nicht Armenaufgabe ist, bejahend beantwortet[2]. Wenn trotz der Schwierigkeiten, im Einzelfall zu unterscheiden, welche Aufwendungen als reiner Erziehungsaufwand nicht ersatzmäßig, und welche ersatzmäßig sind, und trotz der Möglichkeit, sich auf den Standpunkt der bundesamtlichen Rechtsprechung zu stellen und ein Eintreten in derartigen Fällen abzulehnen, auch in dem Rechtsgebiet, das Erziehung nicht zum Gegenstand der Armenpflege macht, eine Reihe von Städten also Armenmittel zu dem gedachten Zwecke aufwenden, so kann dies nur daraus erklärt werden, daß ein praktisches Bedürfnis besteht, hier über den engen gesetzlichen Rahmen hinauszugehen.

Nach unseren Erfahrungen wird es sich in den Fällen der gedachten Art unschwer erreichen lassen, daß die Eltern die der Verwahrlosung ausgesetzten Kinder freiwillig abgeben, ohne daß es des Anrufens vormundschaftsgerichtlicher Hilfe bedarf; eventuell wird das Gericht zur Anordnung der in den §§ 1665, 1676 B.G.B. vorgesehenen Maßnahmen anzugehen sein, äußerstenfalls kann dann, wenn der Erziehungsnotstand in geistiger Erkrankung der Erziehungsberechtigten seinen Grund hat, die Aufnahme des widerstrebenden Elternteils in eine Irrenanstalt in die Wege geleitet werden.

Die Anerkennung der Erziehung als Armenaufgabe würde jedenfalls geeignet sein, auch auf diesem Gebiet der Fürsorge einen klaren und sicheren Rechtszustand zu schaffen, und der Armenpflege die Möglichkeit einer fruchtbringenden Betätigung erschließen.

## 2.

Bisher sind die Fälle besprochen worden, in denen eine Abnahme von Kindern aus erzieherischen Gründen in Frage kommt. Aber auch auf dem Gebiete der offenen Armenpflege lassen sich Fälle denken, in denen es wünschenswert erscheinen kann, daß die Armenpflege befugt

[1] Vgl. Anhang.

[2] Einzelne dieser Städte mögen unter dieser Rubrik auch solche Fälle mit berücksichtigt haben, in denen bei vorliegendem Verschulden der Erziehungsberechtigten, also beim Vorhandensein der Voraussetzungen des § 1666 B.G.B., ohne Erwirkung einer ausdrücklichen Anordnung des Vormundschaftsgerichts, Kinder freiwillig abgegeben und in Armenfürsorge genommen wurden. Eine so weitgehende Bereitwilligkeit zum freiwilligen Eingreifen dürfte aber nur ausnahmsweise stattfinden, zumal das Bundesamt entschieden hat, daß, abgesehen von provisorischen Maßnahmen, stets eine Anordnung des Vormundschaftsgerichts vorliegen müsse, um das armenrechtliche Einschreiten zu rechtfertigen (Entscheidung 29[55]). Es wird sich deshalb bei Beantwortung der Anfrage in der Hauptsache um Fälle der im Text besprochenen Art handeln.

ist, erforderlichenfalls aus Gründen der Erziehung Aufwendungen zu machen.

Auf seiner Jahresversammlung im Jahre 1895 hat sich der Deutsche Verein für Armenpflege und Wohltätigkeit im Anschlusse an ein Referat von Flesch (Frankfurt a. M.) mit der Frage beschäftigt: „In welchen Fällen ist die Abnahme von Kindern der Gewährung von Familienunterstützung in offener Pflege vorzuziehen[1]?" Es wurde nach einer anregenden Diskussion ein Leitsatz angenommen, der folgenden Wortlaut hatte:

„Die Abnahme von Kindern, für welche Armenunterstützung gewährt werden muß und welche sich im Haushalt der Eltern oder eines Elternteils befinden, durch die Armenverwaltung ist nur insoweit und insolange für zulässig zu erachten, als den Erfordernissen der Pflege und Erziehung im elterlichen Hause nicht genügt werden kann."

Durch die Fassung dieser These sollte zum Ausdruck gebracht werden, daß im Interesse der Erhaltung der Familie die Abnahme von Kindern aus erziehlichen Gründen die nur unter besonderen Voraussetzungen begründete Ausnahme sein, und daß dem Erziehungsnotstand, wenn irgend möglich unter Belassung der Kinder im elterlichen Haushalt, begegnet werden solle. Von den Mitteln, die zur Erreichung dieses letztgenannten Zieles angewendet werden können, interessiert uns hier nur die Gewährung von Erziehungszuschüssen in offener Pflege.

Liegt der Fall so, daß eine Familie mit Kindern in Armenunterstützung genommen werden muß, weil sie aus irgendeinem Grunde die Mittel zum notdürftigen Unterhalt nicht beschaffen kann, so wird die Armenpflege auch da, wo Erziehung nicht Armenaufgabe ist, befugt sein, die Unterstützung so zu bemessen, daß der Erziehungsberechtigte in die Lage gesetzt wird, mit ihr auch die Erziehungsbedürfnisse der Kinder zu bestreiten; denn ein etwaiger in der Unterstützung enthaltener Erziehungsbeitrag hätte in diesem Falle nur einen akzessorischen Charakter, der die Anerkennung des gesamten Aufwands als Armenunterstützung nicht hindern würde. Der Fall kann aber auch anders liegen, und er wird vielfach insbesondere dann anders liegen, wenn nur ein Elternteil vorhanden ist, der bei voller Ausnutzung seiner Arbeitskraft zwar den notdürftigen Unterhalt für sich und seine Kinder beschaffen kann, dann aber nicht in der Lage ist, den Kindern die nötige Erziehungsfürsorge angedeihen zu lassen. Wir wollen versuchen, an einem Beispiel dies näher darzulegen:

Eine Witwe erwirbt z. B. für sich und ihre drei Kinder im Alter von vier, sechs und zehn Jahren den notdürftigen Unterhalt dadurch, daß sie am frühen Morgen Brötchen austrägt, außerdem zwei Dienststellen als Arbeitsfrau annimmt, die sie vormittags bis zum Mittag und nachmittags bis gegen Abend von ihrer Häuslichkeit fernhalten. Jede dieser drei Beschäftigungen bringt ihr monatlich ca. 20 Mark ein. Bei einem monatlichen Einkommen zwischen 50 Mark und 60 Mark für vier Personen wird in den meisten Städten der bestehende Ausschlußsatz erreicht oder

[1] Heft 22, S. 83 ff., Heft 23, S. 107 ff.

überschritten sein, und auch da, wo keine festen Ausschlußsätze bestehen, wird die Armenverwaltung die Gewährung von Armenunterstützung ablehnen können, unter Berufung darauf, daß die Familie das zum Lebensunterhalt Notwendige habe. Ein Eingreifen der Armenpflege käme hier lediglich aus erzieherischen Rücksichten in Frage. Denn die Folge der außerhäusigen Arbeit wird in der Regel die sein, daß die Kinder sich den Tag über selbst überlassen sind, ohne die erforderliche Aufsicht und Anleitung zu haben; auch wenn vielleicht das jüngste Kind einer Nachbarsfamilie zur Wartung übergeben wird, so können doch die beiden älteren sich in ihrer schulfreien Zeit aufsichtslos auf der Straße herumtreiben und in schlechte Gesellschaft geraten, so daß die Gefahr vorhanden ist, daß sie ihrer Verwahrlosung entgegengehen. Tritt letzteres ein, so werden auf Jahre hinaus hohe Beträge aus öffentlichen Mitteln für Fürsorgeerziehung, Polizei- und Straferstehungskosten u. a. m. aufgewendet werden müssen. Die Verwahrlosung der Kinder und die Aufwendung dieser Mittel aber kann vermieden werden, wenn rechtzeitig der Frau, wenigstens in den ersten Jahren, bis das älteste Kind imstande ist, die beiden anderen zu überwachen oder bis es nach seiner Schulentlassung etwas zum Lebensunterhalt der Familie beitragen und damit die Mutter entlasten kann, ein geringer Erziehungszuschuß gegeben wird, der die Frau instand setzt, wenigstens eine ihrer drei Arbeitsstellen aufzugeben und sich in dieser Zeit dem Haushalt und der Erziehung ihrer Kinder zu widmen.

Ähnliche Fälle[1] lassen sich denken und kommen in der Praxis häufig vor, in denen ebenfalls die Gewährung einer Armenunterstützung lediglich mit dem sonst drohenden Erziehungsnotstand begründet werden kann. Da, wo die Erziehung nicht als Armenaufgabe anerkannt ist, werden sich leicht auch größere und leistungsfähigere Armenverwaltungen, die nicht sicher sind, ob ihnen ein Überschreiten des engen gesetzlichen Rahmens nachgesehen wird, nicht für befugt halten, in derartigen Fällen einzuschreiten. Und doch ist es im Interesse eines planmäßigen Kinderschutzes sowohl, als auch im Interesse einer vorbeugenden Armenpflege dringend notwendig, daß diese Befugnis den Armenverwaltungen allgemein durch Aufnahme der Erziehung unter die Gegenstände der Armenfürsorge eingeräumt, und damit gleichzeitig ein gesetzlich begründeter Erstattungsanspruch anerkannt wird, wenn nach sorgfältiger Prüfung der Verhältnisse in geeigneten Fällen ein armenrechtliches Einschreiten erfolgt.

### 3.

Unter dem Sammelnamen *nicht vollsinnige Kinder* verstehen wir im folgenden die blinden, taubstummen, epileptischen, geistesschwachen

[1] Ist z. B. ein gering bezahlter Tagelöhner mit sechs bis acht unerwachsenen Kindern nicht imstande, mit seinem Verdienst seine Familie durchzubringen, so wird häufig die Frau suchen, durch Annahme einer Arbeitsstelle usw. etwas mit zu verdienen. Durch Gewährung eines geringen Erziehungszuschusses kann hier erreicht werden, daß die Frau die außerhäusige Arbeit aufgibt und sich ihrem Haushalt widmet.

und verkrüppelten Kinder. Inwieweit die Sorge für deren Unterricht, Erziehung und Ausbildung nach den landesgesetzlichen Bestimmungen zu den Aufgaben der öffentlichen Armenpflege gehört, ist im ersten Abschnitt des näheren dargelegt. Wir können drei Gruppen unterscheiden:

In einzelnen Bundesstaaten ist die Erziehungsfürsorge für diese Kinder durch die Armengesetze den Armenverbänden als solchen auferlegt, die hierfür aufgewendeten Kosten stellen sich mithin als erstattungsfähiger Armenaufwand dar. Dies ist überall da der Fall, wo die Armengesetze Erziehung und Unterricht schlechthin als Gegenstand der Armenfürsorge bezeichnen. Das Bundesamt[1] führt hierüber folgendes aus:

„Wo nach Landesrecht Unterricht und Erziehung zu den Aufgaben der Armenpflege gehören, ist — wenn nicht das Gegenteil erhellt — davon auszugehen, daß auch den unglücklichen, idiotischen, taubstummen, blinden Kindern, wenngleich dadurch höhere Kosten erwachsen, der Unterricht in besonderen Anstalten auf Kosten der Armenverbände zu gewähren sei."

In mehreren anderen Bundesstaaten, z. B. Baden und Braunschweig, ist dieser Zweig der Fürsorge durch besondere Gesetze geregelt, wobei den Armenverbänden in Braunschweig, und den Gemeinden bzw. Kreisen in Baden[2] die Aufbringung der durch die Unterbringung vermögensloser Kinder entstandenen Kosten zur Last gelegt wird[3]. Zweifelhaft kann es hier sein, ob es sich bei den von den Gemeinden bzw. Armenverbänden aufzubringenden Kosten um einen Armenaufwand im technischen Sinne handelt, der erstattungsfähig ist, das Ruhen der Frist zum Erwerb und Verlust des Unterstützungswohnsitzes für die Zeit der Aufwendung zur Folge hat, usw. Diese Frage ist, wie im ersten Abschnitt bereits erwähnt wurde, für Baden vom badischen Verwaltungsgerichtshof und für Braunschweig von dem Bundesamt für das Heimatwesen verneint worden. Dieselbe Streitfrage erhebt sich nun auch hinsichtlich des preußischen Gesetzes vom 7. August 1911, das lediglich die erzieherische Fürsorge für blinde und taubstumme Kinder regelt, jedoch keine Bestimmungen über die Beschulung geistesschwacher, epileptischer und verkrüppelter Kinder enthält.

In einer größeren Anzahl von Bundesstaaten fehlt es an einer Regelung der Erziehungsfürsorge für nicht vollsinnige bildungsfähige Kinder. Hierher gehören diejenigen Bundesstaaten, in denen Erziehung nicht Armenaufgabe ist, und wo auch keine besonderen Gesetze erlassen

---

[1] 28 [86].

[2] Im § 9 des Gesetzes vom 11. August 1902 heißt es: „Die Kosten sind von der Gemeinde aufzubringen, in der das betreffende Kind am 1. Mai des Jahres, in dem es das Alter der Schulpflicht erreicht, seinen Unterstützungswohnsitz hat, bzw. falls es einen solchen nicht hat, von demjenigen Kreis, dessen Landarmenverband im Falle der Unterstützungsbedürftigkeit des Kindes in dem bezeichneten Zeitpunkt für dasselbe einzutreten hätte.

Läßt sich im Gebiet des Großherzogtums ein unterstützungspflichtiger Armenverband nicht ermitteln, so hat die Großherzogliche Staatskasse für die Kosten aufzukommen."

[3] In Baden wird ein Teil der Kosten auf die Staatskasse überwälzt.

sind[1]. Das Bundesamt knüpft hieran in der bereits im ersten Abschnitt erwähnten Entscheidung vom 2. März 1895[2] folgende Kritik:

„Es ist auch nicht zweifelhaft, daß der Mangel gesetzlicher Bestimmungen über die Verpflichtung zur Gewährung der Anstaltserziehung für blinde, taubstumme und idiotische Kinder und über die Tragung der hierdurch enstehenden Kosten eine erhebliche Lücke in der Gesetzgebung Preußens, wie auch anderer Bundesstaaten, bildet; allein dieser Umstand kann nicht dahin führen, die geltenden Armengesetze in einer, ihrem Sinne und Wortlaut nicht entsprechenden Weise auf Fälle der fraglichen Art anzuwenden."

Der Deutsche Verein für Armenpflege und Wohltätigkeit hat sich auf seiner Versammlung im Jahre 1902 mit der Frage der „Erweiterung des Handarbeitsunterrichts für schwachsinnige, taubstumme, blinde und verkrüppelte Personen" beschäftigt[3]. Der damalige Berichterstatter Hansen (Kiel) bemerkte über die Bedeutung einer planmäßigen Ausbildung der nicht vollsinnigen Kinder folgendes[4]:

„Man schafft aus bisher zum Teil völlig brachliegender Arbeitskraft nützliche Werte, Werte, die dem Gemeinwesen zugute kommen, Werte, die ein gewisses Äquivalent für die mehr oder minder bedeutenden Aufwendungen darstellen, die jetzt von Angehörigen oder der Allgemeinheit geleistet werden müssen. Man erzeugt Gegenstände, die einen unmittelbaren Gebrauchsnutzen für das einzelne Kind, den einzelnen Pflegling oder für die den Aufenthalt gewährende Anstalt haben, oder die sich in anderen ähnlichen öffentlichen Anstalten trefflich verwenden lassen. Man bringt die Pfleglinge an Arbeitsleistungen, die ihnen Freude bereiten, die sogar einen gewissen Schönheitssinn bei der Herstellung zu erwecken in der Lage sind. Man hat es mit Verrichtungen zu tun, die von sonst sehr wenig leistungsfähigen Personen ausgeführt werden können, die — in richtigem Maße betrieben — gesundheitsschädliche Einwirkungen nicht hervorbringen."

Man wird diesen Ausführungen voll zustimmen und mit dem Bundesamt nur bedauern können, daß es auch heute noch in Deutschland in einer großen Anzahl von Bundesstaaten an einer gesetzlichen Regelung fehlt, die eine planmäßige Ausbildung dieser unglücklichen Kinder, eine fruchtbringende Erweckung der in ihnen schlummernden geistigen und körperlichen Kräfte zu ihrem eigenen Nutzen und zum Nutzen der Allgemeinheit ermöglicht. Denn die *Armenpflege* ist in der zuletzt genannten Gruppe von Bundesstaaten zwar verpflichtet, erforderlichenfalls für die *Bewahrung und Pflege* dieser Kinder zu sorgen, zu einer *darüber hinausgehenden Erziehung und Ausbildung der bildungsfähigen Kinder* hat sie keinerlei Verpflichtung[5]. Ge-

[1] Preußen gehört auch jetzt noch bezüglich der geistesschwachen, epileptischen und verkrüppelten Kinder zu dieser Gruppe.

[2] 27[57].

[3] Vgl. Heft 60 und 62 der Vereinsschriften.

[4] Heft 62, S. 131.

[5] Vgl. z. B. 27[53].

rade bei nicht vollsinnigen Kindern ist es aber häufig außerordentlich schwer zu bestimmen, ob die Aufnahme eines derartigen Kindes in einer Anstalt zum Zwecke der Bewahrung oder in erster Linie aus erzieherischen Rücksichten erfolgt. Man vergleiche z. B. die Entscheidungen des Bundesamts 40 [1] und 41 [72]. In der ersten Entscheidung wird einer Blindenanstalt die Eigenschaft einer Bewahranstalt abgesprochen, da sie nach ihrem Statut lediglich eine Unterrichtsanstalt für bildungsfähige blinde Kinder sei; infolgedessen könnten auch die Kosten der Unterbringung eines Zöglings in dieser Anstalt als Armenunterstützung nicht angesehen werden. In der zweiten Entscheidung wird dargelegt, daß die zu Heilzwecken geschehene Unterbringung eines Knaben in einem Krüppelheim die Eigenschaft einer Armenunterstützung nicht dadurch verliere, daß wegen der Unmöglichkeit der Heilung die Pflege des Knaben sich später auch auf dessen geistige Ausbildung durch Schulunterricht erstreckt habe [1].

Diese schon in den vorhergehenden Unterabschnitten besprochenen Schwierigkeiten, zwischen Unterbringung zu Pflege- und zu Erziehungszwecken zu unterscheiden, haben die Folge einer außerordentlichen Unsicherheit und Unklarheit für die Praxis, und es ist zu verstehen, wenn solche Armenverwaltungen, die der Ansicht sind, daß sie über die engen gesetzlichen Grenzen schon mit Rücksicht auf eine etwaige Verwirkung des Erstattungsanspruchs nicht hinausgehen dürfen, mit ihrem Eingreifen mehr als im Interesse der Sache gelegen ist zurückhalten. Erfreulicherweise haben sich jedoch, wie das Ergebnis unserer Umfrage ersehen läßt [2], eine große Anzahl von Städten, die zur dritten Gruppe gehören, über diese Bedenken hinweggesetzt. Schon Buehl-Flemming haben in ihrem Vorbericht [3] als bemerkenswert hervorgehoben, daß sich unter den Städten, die nach ihrer damaligen Umfrage Aufwendungen zur Ausbildung nicht vollsinniger Kinder aus Armenmitteln machten, einige befänden, welche Staaten angehören, nach deren Recht Erziehungsaufwand grundsätzlich nicht armenrechtlichen Charakter habe. Unsere nunmehrige Anfrage, ob Armenmittel zum Zwecke der Erziehung und Ausbildung nicht vollsinniger Kinder aufgewendet würden, haben nicht weniger als 60 preußische Städte [4] und 14 weitere Städte, nach deren Landesrecht Erziehung nicht Armenaufgabe ist, und in denen auch nicht auf Grund besonderer Gesetze die Verpflichtung zur Ausbildung nicht vollsinniger Kinder den Armenverbänden auferlegt ist, bejahend beantwortet.

Also auch hier ist vielfach die Entwicklung, den Bedürfnissen der Praxis folgend, über die engen gesetzlichen Grenzen hinausgegangen, und es ist naturgemäß auch hier wiederum die Armenpflege, welche eingesprungen ist, um eine mangels ausreichender gesetzlicher Bestimmungen fühlbar gewordene Lücke auszufüllen, nachdem sich herausgestellt hatte,

---

[1] Vgl. weiter noch 40 [10].
[2] Vergl. die Frage I a des Fragebogens im Anhang.
[3] Heft 73, S. 64 der Vereinsschriften.
[4] Die Umfrage erfolgte in der Zeit vor dem Inkrafttreten des neuen preußischen Gesetzes vom 7. August 1911.

daß die Fürsorgeerziehungsgesetze nicht geeignet sind, die nötige Unterlage abzugeben, um dem empfundenen Mangel abzuhelfen. In welchen engen Grenzen das Kammergericht die Fürsorgeerziehung bei nicht vollsinnigen Kindern zuläßt, mag aus dem Beschluß vom 22. Juni 1903[1] ersehen werden. In diesem Beschluß führt das Kammergericht aus:

„Ist bei einem nicht vollsinnigen Minderjährigen die körperliche oder geistige oder sittliche Verwahrlosung mangels Anordnung besonderer erziehlicher Maßnahmen (Anstaltserziehung) zu besorgen, so kann gleichwohl die Fürsorgeerziehung auf Grund des § 1 Nr. 1 und 3 des preußischen Fürsorgeerziehungsgesetzes nicht angeordnet werden, wenn weder ein schuldhaftes Verhalten der Eltern im Sinne des § 1666 B.G.B., noch der bereits erfolgte Eintritt einer gewissen sittlichen Verderbtheit des Minderjährigen festzustellen ist."

Das Kammergericht läßt aber auch Anordnungen aus § 1666 B.G.B. nur unter besonderen Voraussetzungen zu. In dem Beschluß vom 2. Juli 1908[2] heißt es:

„Verweigert der Vater eines nicht vollsinnigen (geistesschwachen, epileptischen, taubstummen, blinden) Kindes seine Einwilligung zu dessen Unterbringung in einer für solche Personen bestimmten Anstalt, so kann hierin ein Mißbrauch seines Personensorgerechts oder auch eine Vernachlässigung des Kindes im Sinne des § 1666 B.G.B. gefunden werden. Zur Anwendung dieser Vorschrift ist jedoch die Feststellung erforderlich, daß die Unterbringung des Kindes in dessen Interesse wegen des kranken Zustandes geboten und mit den zur Verfügung stehenden Mitteln durchführbar ist und nicht der Vater die Einwilligung schuldhaft verweigert. Es ist jedoch dabei zu unterscheiden, ob die Unterbringung eines derartigen Kindes zwecks seiner Heilung oder zu seiner Ausbildung (Erlernung nützlicher Fertigkeiten) erfolgt. Denn zur Unterbringung zwecks Heilung ist der Landarmenverband verpflichtet, deshalb ist der Vater in diesem Falle gehalten, seine Einwilligung ohne Rücksicht auf den Kostenpunkt zu geben. Dagegen erstreckt sich die Fürsorgepflicht des Armenverbandes nicht auf die Ausbildung des Kindes. Bevor daher von dem mittellosen Vater die Einwilligung zu solcher Unterbringung verlangt werden kann, müssen die Mittel anderweit sichergestellt sein, sei es durch ausdrückliche Übernahme seitens des Armenverbands, sei es aus Vereinsmitteln."

Die im Schlußsatz dieser Entscheidung zur Bedingung des Einschreitens gemachte Sicherstellung der Mittel durch ausdrückliche Übernahme seitens des Armenverbands wird aber überall da in der Regel nicht zu erwarten sein, wo die Armenpflege zu Erziehungsleistungen nicht verpflichtet ist.

Die Bedeutung einer planmäßigen Erziehung der nicht vollsinnigen Kinder würdigt das Kammergericht in einer Entscheidung vom 6. Februar 1902[3] folgendermaßen:

[1] Mitgeteilt im Jahrbuch der Fürsorge 1907, S. 116.
[2] Mitgeteilt im Jahrbuch der Fürsorge 1910, S. 69.
[3] Abgedruckt im preußischen Volksschularchiv, Jahrgang 2, S. 36.

„Die Zustände des Idiotismus, der Epilepsie, der Blindheit und der Taubheit erfordern regelmäßig eine sachverständige Erziehung und einen für solche Leidende besonders berechneten Unterricht, um dieselben, wenigstens soweit möglich, geistig auf die Höhe einer durchschnittlichen Volksschulbildung und in der seelischen Entwicklung bis zur Erkenntnis der Grundlehren der Religion und zu dem für den Verkehr mit anderen unerläßlichen Pflichtbewußtsein zu bringen, sie auch ein gewisses Maß an Handfertigkeit erlernen zu lassen. Ohne eine solche erziehliche und lehrhafte Pflegebehandlung gehen mit derartigen Leiden behaftete Kinder deshalb regelmäßig geistiger respektive sittlicher Verwahrlosung entgegen."

In seinem Vorbericht zur Jahresversammlung 1903[1] hat auch Schiller auf den unbefriedigenden Zustand hingewiesen, der es nicht ermögliche, überall eine diesen Forderungen entsprechende Fürsorge für die nicht vollsinnigen Kinder eintreten zu lassen. Bemerkenswert ist auch, daß in der Versammlung der Vertreter der elsaß-lothringischen Armenverbände vom 17. Dezember 1907 in Straßburg[2], die sich mit dem von der elsaß-lothringischen Regierung vorgelegten Entwurfe eines Gesetzes zur Ausführung des U.W.G. in Elsaß-Lothringen beschäftigte, die hier bestehende Lücke anerkannt, und demgemäß, im Gegensatz zum Regierungsentwurf, folgender Leitsatz einstimmig angenommen wurde:

„In den Fällen, in denen die Anstaltsbehandlung Jugendlicher wegen körperlicher Gebrechen (Krüppel, Blinde, Taubstumme, Idioten) erforderlich wird, sind die Aufwendungen für die notwendige Erziehung in den Kreis der armenpflegerischen Aufgaben einzubeziehen."

Gerade vom Standpunkt einer rationellen Armenpflege aus muß verlangt werden, daß die hinsichtlich der Fürsorge für nicht vollsinnige bildungsfähige Kinder bestehende Lücke geschlossen wird. Denn die Armenpflege hat das größte Interesse, und insbesondere auch ein finanzielles Interesse daran, daß diese Kinder so ausgebildet werden, daß sie später in der Lage sind, ihren Unterhalt oder doch einen erheblichen Teil desselben selbst zu verdienen, ohne der Allgemeinheit zur Last zu fallen.

In denjenigen Bundesstaaten, in denen nicht ähnlich wie in Baden oder nunmehr auch, wenigstens hinsichtlich der blinden und taubstummen Kinder, in Preußen Sondergesetze erlassen sind, welche diese Materie in einwandfreier Weise regeln, wird man nur durch Einbeziehung von Erziehung und Erwerbsbefähigung in den gesetzlichen Pflichtenkreis der öffentlichen Armenpflege zu befriedigenden Zuständen kommen können. Es ist zuzugeben, daß mit der Anerkennung der zum Zwecke der Ausbildung nicht vollsinniger Kinder gemachten Aufwendungen als Armenunterstützung gewisse, gerade hier nicht immer angebrachte Folgen (Ruhen der Frist zum Erwerb und Verlust des Unterstützungswohnsitzes für das Familienhaupt und Übernahmeanspruch) verknüpft sind, wenn auch der am härtesten empfundene Wahlrechtsverlust in diesen Fällen beseitigt ist; aber der Fort-

[1] Heft 64, S. 25 der Vereinsschriften.

[2] Vgl. das Protokoll hierüber S. 6 und 17.

schritt, den eine auf diesem Wege ermöglichte ausreichende Fürsorge für diese Klasse von Jugendlichen darstellen würde, wäre ein so großer, daß jene Folgen demgegenüber nicht ausschlaggebend ins Gewicht fallen können. Es mag wünschenswert sein, in denjenigen Bundesstaaten, wo jetzt noch die obengekennzeichnete Lücke besteht, eine Regelung dieser Materie im Wege der Sondergesetzgebung, etwa nach dem Vorgehen von Baden oder Braunschweig anzustreben. Wenn man aber bedenkt, daß in Preußen, wo der Mangel entsprechender gesetzlicher Vorschriften schon seit vielen Jahren in der Praxis beklagt worden war, ein derartiges Gesetz endlich in diesem Jahre und in einer nur einen Teil der nicht vollsinnigen Kinder umfassenden Form in Kraft getreten ist, wird man in absehbarer Zeit auf eine Regelung dieser Frage in den in Betracht kommenden Bundesstaaten im Wege der Sondergesetzgebung nicht rechnen können. Einstweilen wird vielmehr die öffentliche Armenpflege berufen sein, jene Lücke auszufüllen.

Darauf, daß sich gerade dieser Zweig der Fürsorge besonders zur Übernahme auf größere und leistungsfähigere Armenverbände eignet, werden wir am Schlusse dieses Abschnitts noch zurückkommen.

4.

Schon Buehl-Flemming haben in ihrem mehrfach erwähnten Vorbericht[1] hervorgehoben, daß nach dem Ergebnis ihrer damaligen Umfrage von der überwiegenden Mehrzahl der befragten Städte die Gewährung einer Ausrüstung an die von der öffentlichen Armen- und Waisenpflege unterstützten Jugendlichen beim Eintritt in das Erwerbsleben in den Aufgabenkreis der Armenpflege einbezogen worden sei.

Ein ähnliches Ergebnis hatte unsere jetzige Umfrage[2]. Von den 147 befragten Städten gewähren 91 (darunter 51 preußische Städte) derartige Ausrüstungen aus Armenmitteln, neun weitere haben erklärt, daß sie lediglich Stiftungsmittel oder Mittel aus Spezialfonds zu dem besagten Zwecke aufwenden; von den übrigen Städten wurde die entsprechende Anfrage nicht oder verneinend beantwortet.

Die notwendige Kleidung ist ein Teil des unentbehrlichen Lebensunterhalts, der ja in allen Bundesstaaten Gegenstand der Armenfürsorge ist; ob ihre Gewährung armenrechtlich geboten ist und die dafür aufgewendeten Mittel erstattungsfähig sind, kann nur unter Berücksichtigung der Verhältnisse des Einzelfalles beurteilt werden. Mit der Erziehung und Erwerbsbefähigung wird die Lieferung von Kleidungsstücken usw. nur dann im Zusammenhang stehen, wenn es sich darum handelt, durch Gewährung einer Ausrüstung Jugendliche zum Ergreifen eines Erwerbszweiges fähig zu machen. Neuere Entscheidungen des Bundesamts, die sich mit der Frage beschäftigen, inwieweit die Auf-

[1] Heft 73, S. 64.
[2] Vgl. Anhang Frage Id des Fragebogens.

wendung von Armenmitteln speziell zur Einkleidung Jugendlicher nach dem Verlassen der Schule sich als erstattungsfähiger Armenaufwand darstellt, sind in der amtlichen Sammlung der Entscheidungen dieses Gerichtshofs nicht enthalten. In der bereits von Buehl-Flemming[1] kurz erwähnten Entscheidung vom 10. Januar 1903[2] hat das Bundesamt ausgesprochen, daß nach der hamburgischen Landesgesetzgebung die Ausstattung von Kindern mit Kleidung, welche sie zum Ergreifen eines Erwerbszweiges fähig mache, soweit sich das Gewährte innerhalb der Grenzen des unbedingt Erforderlichen halte, zu den Aufgaben der Armenpflege daselbst gehöre. Das Bundesamt begründet diese Entscheidung ausdrücklich mit dem Hinweis auf § 45 der revidierten Geschäftsordnung für die Armenpflege in Hamburg, wonach es der öffentlichen Armenpflege unbenommen bleibe, aus Anlaß des durch die Konfirmation gekennzeichneten Lebensabschnitts Kinder mit Kleidung auszustatten, *um sie für das Ergreifen eines Erwerbszweiges fähig zu machen.*

Im Hinblick auf diese Begründung muß angenommen werden, daß das Bundesamt für diejenigen Staaten, in denen die Erwerbsbefähigung der Kinder nicht Gegenstand der Armenpflege ist, die Berechtigung zur Gewährung einer derartig reichlichen Ausrüstung (sie bestand aus einem wollenen und zwei druckleinenen Kleidern, vier Schürzen, Leibwäsche, Fußzeug und Hut) nicht anerkannt haben würde. Den Armenverwaltungen wird also da, wo die Erwerbsbefähigung zu den Armenaufgaben gehört, ein sehr begrüßenswertes *freieres Ermessen* bei ihren Entschließungen über die Gewährung von Ausrüstungen an Jugendliche zustehen als in den Bundesstaaten, wo dies nicht der Fall ist.

Ähnliche Erwägungen werden maßgebend sein *bei Unterstützung schulentlassener Jugendlicher zum Zwecke ihres besseren Fortkommens* durch Bezahlung von Lehrgeld, Gewährung von Kleidungsgeld während der Lehr- oder Dienstzeit, Belassung in Anstalten über das 14. Lebensjahr hinaus u. dgl.

Das Bundesamt hat in einer Reihe von Entscheidungen[3] ausgesprochen, daß bei normal entwickelten Knaben nach Vollendung des schulpflichtigen Alters in der Regel angenommen werden müsse, daß sie sich ihren Unterhalt selbst verdienen können; deshalb liege die Unterstützung von jungen Leuten über 14 Jahren durch Bezahlung von Lehrgeld, durch Anschaffung von Kleidung während der Lehrzeit sowie die Ausstattung derselben mit Kleidung nach vollendeter Lehrzeit außerhalb der Aufgaben der öffentlichen Armenpflege. Wir haben oben bei der Bestimmung des Begriffs der armenrechtlichen Erziehung[4] dargelegt, daß auch da, wo Erziehung Gegenstand der Armenpflege ist, in der Regel keine Verpflichtung für die Armenverbände besteht, nach der Schulentlassung Jugendlicher Aufwendungen für deren weitere Erziehung und

---

[1] A. a. O. S. 33.
[2] Zeitschrift für das Heimatwesen 1903, S. 69.
[3] Vgl. z. B. 33 [36], 39 [1], 44 [29].
[4] Dritter Abschnitt, Ziff. 1.

Ausbildung zu machen; wir haben aber hinzugefügt, daß es sich empfiehlt, die Erwerbsbefähigung neben der Erziehung ausdrücklich unter die Gegenstände der Armenfürsorge aufzunehmen, damit außer Zweifel gestellt ist, daß die Armenpflege befugt und verpflichtet ist, sich jener Ausnahmefälle anzunehmen, in denen schwächliche Kinder bei ihrer Schulentlassung noch nicht befähigt sind, ihr Brot selbst zu verdienen.

In einem Urteil vom 24. Januar 1911 [1] hat sich der badische Verwaltungsgerichtshof in eingehender Weise über die Tragweite des Begriffs der Erwerbsbefähigung und seine Bedeutung für die armenrechtliche Praxis folgendermaßen ausgesprochen:

„Der Gerichtshof hat bereits in seinem Urteil vom 11. Mai 1910 die Ansicht zum Ausdruck gebracht, der hauptsächlichste Anwendungsfall der den Armenverbänden obliegenden Sorge für die Erwerbsbefähigung von Kindern ergebe sich aus der Notwendigkeit, schwächliche oder mit körperlichen Gebrechen behaftete Kinder ein Handwerk erlernen zu lassen, weil ihre körperliche Beschaffenheit ausschließt, daß sie sich durch ungelernte Arbeit, etwa als Tagelöhner, die zum Leben unentbehrlichen Bedürfnisse beschaffen. Hierzu hat der Bezirksrat in zutreffender Weise weiter ausgeführt, daß nach §§ 2, 18 bad. Arm.-Ges. die Maßnahmen der Armenbehörde in jeder Hinsicht, also auch bezüglich der Erwerbsbefähigung auf das Notdürftige, „Unentbehrliche" sich zu beschränken haben. Mit Rücksicht darauf werde bei Kindern, die zur Zeit ihrer Schulentlassung körperlich und geistig soweit entwickelt sind, daß sie allein und sich selbst überlassen zu dem Erwerbe eines ausreichenden Lebensunterhalts, sei es auch nur als ungelernte Arbeiter, Tagelöhner, Fabrikarbeiter usw. als befähigt erachtet werden können, eine besondere Sorge für die Erwerbsbefähigung, insbesondere die fachliche Ausbildung zu einem Berufe, vor allem in einem Handwerk, nach dem jetzigen Stande der Armengesetzgebung entfallen müssen. Anders dagegen, wenn es sich um kranke und schwächliche Kinder handle, bei deren Gesundheitszustand keine Aussicht bestehe, daß sie als Tagelöhner oder Fabrikarbeiter sich den zu ihrem Lebensunterhalt erforderlichen Betrag allein verdienen können, bei denen dies vielmehr entweder von vornherein völlig ausgeschlossen erscheine, oder aber aller Anlaß zu der Befürchtung vorliege, daß sie andernfalls über kurz oder lang der öffentlichen Unterstützung zur Last fallen. Hier werde die nach § 18 Arm.-Ges. zu den Gegenständen der Armenpflege gehörende Sorge für die Erwerbsbefähigung nach der Schulentlassung einzusetzen haben, und werde je nach den Umständen des Einzelfalls festzustellen sein, in welcher Weise sich die Erwerbsbefähigung am besten, aber nur unter Beschränkung auf das Unentbehrliche herbeiführen lasse, wobei selbstverständlich die Ausbildung zu einem gelehrten oder künstlerischen Berufe, als über das unumgängliche Notwendige hinausgehend, außer Betracht zu bleiben habe."

[1] J.S. des Ortsarmenverbands Mannheim gegen die badische Staatskasse.

Das Urteil fährt fort:

„Die Voraussetzungen, welche die Pflicht der Armenbehörde begründen, ein hilfsbedürftiges Kind in einer Lehrstelle unterzubringen, waren hiernach in dem vorliegenden Falle in vollem Umfange gegeben. Den diesbezüglichen Ausführungen des Bezirksrats war beizustimmen.

„Wenn der Kläger den Lehrvertrag auf drei Jahre und nicht etwa auf kürzere Zeit abschloß, so hat er hiermit die Grenze des Notwendigen nicht überschritten. Es ergibt sich dies schon daraus, daß das erste Lehrjahr bei dem geschwächten Körperzustand des Knaben für die Erlernung des Handwerks nur wenig in Betracht kommen konnte. Sodann entspricht aber ein dreijähriger Lehrvertrag der in der Gewerbeordnung für die Dauer der Lehrverträge aufgestellten Regel; eine Abweichung von dieser Regel hätte unter Umständen für den Lehrling in der Zukunft schwerwiegende Nachteile zur Folge haben können (§§ 129, 130a Gew.-O., Schicker, Kommentar zur Gew.-O., Anm. 2 zu § 130a). Auch das innerhalb der üblichen Vergütung sich haltende Lehrgeld — 240 Mk. — zahlbar in drei Jahresraten — erscheint angemessen und schon deshalb nicht zu hoch, weil der Lehrherr in dem ersten Jahre von dem Lehrling bei nicht unerheblichem Aufwand für dessen Verpflegung keinen oder nur einen geringen Nutzen hatte, so daß ihm nicht wohl zugemutet werden konnte, unter den üblichen Satz herabzugehen."

Die in diesem Urteil niedergelegten Erwägungen sind unseres Erachtens durchaus zutreffend und geeignet, eine brauchbare Richtschnur für die Praxis abzugeben:

Sie ziehen einerseits der Betätigung der Armenpflege in derartigen Fällen bestimmte enge Grenzen, deren Einhaltung abgesehen von finanziellen Gründen schon aus dem armenpolitischen Gesichtspunkt geboten ist, daß es nicht Sache der Armenpflege sein kann, den ihr zur Last gefallenen Jugendlichen *regelmäßig* eine bessere Ausbildung zu geben, als sie „zahlreichen Knaben in Stadt und Land zuteil wird, die sich nach Vollendung des schulpflichtigen Alters ihr Brot selbst verdienen müssen und auch verdienen"[1]; sie geben aber anderseits für *besonders gelagerte Fälle* den Armenverwaltungen die Möglichkeit zu einem über das sonst übliche Maß hinausgehenden armenpflegerischen Einschreiten.

Nach dem Ergebnis unserer Umfrage erfolgt zurzeit schon die Aufwendung von Armenmitteln zur Unterbringung schulentlassener Kinder in Lehrstellen u. dgl. seitens einer Reihe von Städten. Unsere dahingehende Anfrage[2] haben 74 Städte (darunter 34 preußische) bejaht, sieben weitere Städte haben erklärt, Stiftungsmittel für den besagten Zweck zur Verfügung zu haben.

Also auch hier hat sich aus dem Bedürfnis der Praxis heraus in weitgehender Weise jetzt schon auf diesem Gebiete der Fürsorge ein Zustand entwickelt, dessen allgemein gesetzliche Anerkennung wir durch Auf-

---

[1] 44[29].

[2] Vgl. Anhang Frage Ic des Fragebogens.

nahme der Sorge für Erziehung und Erwerbsbefähigung unter die Aufgaben der Armenpflege empfehlen.

5.

Soweit nach den Landesgesetzen die den Armen zu gewährende Unterstützung allgemein die Erziehung der Kinder umfaßt, gehört auch grundsätzlich im Falle der Hilfsbedürftigkeit die Bezahlung von Schulgeld und die Gewährung der Unterrichtsmittel für die volksschulpflichtigen Kinder zu den Aufgaben der Armenpflege, soweit hierfür nicht anderweitige Vorsorge getroffen ist [1]. Jedoch hat das Bundesamt [2] „stets daran festgehalten, daß die Voraussetzungen für diese Form der Armenunterstützung dieselben sein müssen, wie für jede andere Art; daß insbesondere der Nachweis geführt werden muß, daß der Unterricht auf Kosten der öffentlichen Armenpflege den Kindern von vornherein und nach Feststellung der Hilfsbedürftigkeit der Eltern als den Kindern armer Eltern gewährt ist".

Nach der Judikatur des badischen Verwaltungsgerichtshofs [3] ruht die Frist zum Erwerb und Verlust des Unterstützungswohnsitzes nur an den wenigen Tagen, an welchen das Schulgeld aus Armenmitteln bezahlt worden ist, die Unterstützung gilt also nicht als eine für den ganzen Zeitraum, für den das Schulgeld zu bezahlen war, gewährte Armenunterstützung [4].

Im ersten Abschnitt ist näher dargelegt, daß die zurzeit schon nach den Armengesetzen mehrerer Bundesstaaten bestehende Verpflichtung der Armenverbände zur Bezahlung von Schulgeld und zur Gewährung der Unterrichtsmittel diesen (abgesehen von Württemberg) durch neuere Gesetze abgenommen, und den Schulgemeinden auferlegt worden ist. In der Praxis erfolgt jedoch vielfach noch eine Bereitstellung von Armenmitteln zu dem besagten Zweck, insbesondere bei Unterbringung von Pflegekindern auf dem Lande. Wir haben in unsere Umfrage [5] die Frage aufgenommen, ob Armenmittel aufgewendet würden zur Bestreitung des Schulgelds und der erforderlichen Schulmittel (insbesondere auch bei Unterbringung von Kindern in ländlichen Pflegestellen). Diese Anfrage haben 79 (darunter 39 preußische) Städte bejaht. Die Mehrzahl dieser Städte hat dabei erklärt, daß diese Aufwendungen nur bei Unterbringung von Kindern in auswärtigen Pflegestellen, und insbesondere zur Bestreitung der Unterrichtsmittel gemacht würden; mehrere Städte wählen hierbei die Form der Bewilligung eines erhöhten Pflegegelds an die Pflegeeltern.

Die verhältnismäßig große Zahl der Städte, die unsere Anfrage bejaht haben, erklärt sich wohl daraus, daß nach unseren Erfahrungen,

[1] Vgl. 15 [70], 18 [14], 27 [60], 38 [99], ferner Rechtsprechung des bad. Verwaltungsgerichtshofs I Nr. 692 und III Nr. 809.

[2] 18 [17].

[3] Rechtsprechung I Nr. 692.

[4] Vgl. hierzu auch 18 [18].

[5] Anhang Frage Ib des Fragebogens.

die auch von anderen Armenverwaltungen bestätigt wurden, manche ländlichen Gemeinden aus Furcht vor einer zu großen Belastung ihres Schuletats sich neuerdings gegenüber der Unterbringung von schulpflichtigen Pflegekindern außerordentlich zurückhaltend zeigen, und daß die Einwohner jener Gemeinden sich nur dann zu der Aufnahme solcher Kinder bereit erklären, wenn ihnen die Bezahlung des Schulgeldes bzw. der Unterrichtsmittel seitens der städtischen Armenverwaltungen zugesagt wird.

Im Hinblick auf das Ergebnis unserer Umfrage dürfte die Einbeziehung der Erziehung in den Pflichtenkreis der öffentlichen Armenpflege eine erhebliche Mehrbelastung der Armenetats der Mehrzahl der befragten Städte infolge der ihnen dann zufallenden Verpflichtung, unter Umständen für Schulgeld und Lehrmittel von Pflegekindern zu sorgen, nicht mit sich bringen; wohl aber würde hierdurch auch auf diesem Gebiete anstelle der bisherigen Rechtsunsicherheit[1] eine klare Rechtslage treten, die dem vorläufig unterstützungspflichtigen Armenverband die jetzt vielfach nicht vorhandene Aussicht auf Erstattung seiner Aufwendungen eröffnen würde.

---

Wenn wir zu dem Ergebnis gekommen sind, allgemein die Aufnahme der Erziehung und Erwerbsbefähigung in den Aufgabenkreis der öffentlichen Armenpflege zu empfehlen, so waren wir uns dessen bewußt, daß außer den bereits im vorhergehenden gewürdigten auch Einwendungen grundsätzlicher Art gegen unseren Vorschlag erhoben werden könnten.

So haben sich in ihrem mehrfach erwähnten Referat, Seite 92 und 93, Buehl-Flemming grundsätzlich wenigstens gegen die bedingungslose Einbeziehung der Erziehung in den Kreis der Armenpflege gewendet. Sie haben daselbst die Ansicht zum Ausdruck gebracht, daß gewisse Fürsorgeveranstaltungen, insbesondere solche, die erheblich im öffentlichen Interesse gelegen seien und auf staatlicher Zwangsvorschrift beruhten, aus dem Pflichtenkreis der Armenpflege auszuscheiden seien. Hierher rechnen sie auch alle Aufwendungen für Erziehungszwecke. Sie schränken diesen Vordersatz allerdings selbst wieder ein, indem sie ausführen:

„Damit soll den Armenverbänden keineswegs jede Betätigung auf erzieherischem Gebiete verwehrt werden. Wo dieselbe gewissermaßen nur akzessorischen Charakter trägt, der Schwerpunkt der armenpflegerischen Maßnahmen dagegen in der Gewährung des Lebensunterhalts liegt (z. B. bei der Waisenpflege), wird die Zuständigkeit der Armenpflege nach wie vor begründet bleiben. Wo dagegen das erzieherische Moment dominiert oder ausschließlich bestimmend wirkt, scheint es angemessen, sei es allgemein, sei es, soweit Mittellosigkeit vorliegt, die Kosten außerhalb der Armenpflege aufzubringen."

Man mag der Ansicht sein, daß die Buehl-Flemmingsche Auffassung grundsätzlich richtig wäre, wenn sich eine Scheidung zwischen „Erziehung, die nur akzessorischen Charakter trägt" und „reiner Erziehung" praktisch

[1] Man vgl. z. B. 38 [99].

durchführen ließe; dies ist aber nicht der Fall. Wir haben in der vorhergehenden Darlegung wiederholt darauf hingewiesen, daß die Unmöglichkeit, diese Grenze zu ziehen, an dem zurzeit bestehenden unbefriedigenden Zustand vielfach die Schuld trägt, und daß gerade hierdurch jene Unsicherheit in die armenpflegerische Verwaltung und Rechtsprechung hineingetragen worden ist, deren Beseitigung wir uns von der Annahme unseres Vorschlags versprechen.

Den weiter zu erwartenden Einwand, eine Erweiterung der Leistungen der Armenpflege würde eine zu starke finanzielle Belastung der Gemeinden zur Folge haben, zahlenmäßig zu widerlegen, ist uns mangels einwandfreier statistischer Unterlagen, die einen Vergleich zwischen den jeweiligen Aufwendungen der dem einen und dem anderen Rechtsgebiete angehörenden Gemeinden zuließen, unmöglich. Es ist auch ohne weiteres zuzugeben, daß die Übernahme erzieherischer Aufgaben auf die Armenpflege denjenigen Städten, die sich bisher auf den engen gesetzlichen Standpunkt gestellt haben, zunächst eine, wenn auch nicht erhebliche, Steigerung ihrer Armenlasten bringen würde. Jedoch ist nachdrücklich darauf hinzuweisen, daß die von uns zur Aufnahme unter die Armenaufgaben empfohlenen Leistungen vorbeugenden Charakter tragen, und daß ihre Bedeutung gerade darin liegt, durch rechtzeitige Aufwendung verhältnismäßig geringer Mittel eine künftige Belastung mit viel höheren und vielfach dauernden Beträgen zu vermeiden. Sicherlich nicht zuletzt in dieser Erkenntnis haben — wie wir an dem Ergebnis unserer Umfrage gezeigt haben — viele Städte jetzt schon, ohne daß für sie eine Rechtspflicht dazu bestanden hätte, sich zu teilweise recht beträchtlichen Aufwendungen für die Zwecke der Erziehung und Erwerbsbefähigung verstanden; für diese Städte würde übrigens die von uns empfohlene gesetzliche Regelung unter Umständen sogar eine Kostenersparnis bedeuten im Hinblick auf die dadurch begründete Erstattungsfähigkeit ihrer Aufwendungen. In diesem Zusammenhang soll auch darauf hingewiesen werden, daß der vorbeugende Charakter der gedachten Leistungen in zutreffender Weise anläßlich der Beratungen des bayerischen Armenpflegegesetzes im Schoße der gesetzgebenden Körperschaften hervorgehoben wurde, indem auf Seite 73 des „Vortrags für den Sozialgesetzgebungsausschuß der Kammer der Reichsräte" für die Bejahung der Frage, ob Erziehung und Ausbildung als Armenaufgabe statuiert werden sollte, ausgeführt wurde: „Es ist dies ein Feld, auf dem die Armenpflege unendlich Ersprießliches leisten kann, und wodurch sie auch an der Aufgabe, der Verarmung entgegenzuwirken, arbeiten kann". Die bayerische Regierung beabsichtigt nach ihrer Denkschrift über die Abänderung der bayerischen Heimat- und Armengesetzgebung auch nach dem Eintreten Bayerns in den Geltungsbereich des Unterstützungswohnsitzgesetzes die Kindererziehung als Aufgabe der Armenpflege beizubehalten [1].

Ein weiterer Einwand wird allerdings der Übernahme weiterer Pflichtaufgaben auf die öffentliche Armenpflege entgegengehalten werden

[1] Vgl. die Angaben hierüber in dem Aufsatz von Decker in der Zeitschrift für das Armenwesen 1912, S. 46.

können: Es ist der des finanziellen und verwaltungstechnischen Unvermögens der zurzeit noch vielfach bestehenden kleineren Armenverbände. Es wäre aber verkehrt, wegen der Richtigkeit dieser Tatsache von dem Streben nach Beseitigung von Mißständen auf dem Gebiete des materiellen Armenrechts abzusehen. Die Schaffung leistungsfähiger Armenverbände und insbesondere die Beteiligung größerer Verbände an der Armenlast ist ein Ziel, dessen Erreichung seit Jahren in der armenrechtlichen Literatur ebenso wie in den Leitsätzen des Deutschen Vereins für Armenpflege und Wohltätigkeit als eine der hervorragendsten Aufgaben der Reformbestrebungen auf dem Gebiete des Armenwesens betrachtet wird. Es sei nur auf die grundlegenden Beschlüsse der Jahresversammlung von 1886 und die auf den Tagungen von 1890 und 1897 gefaßten Leitsätze hingewiesen. Auch in späteren Jahren zieht sich durch alle Reformvorschläge des Vereins dieser Gedanke, und neuerdings haben Buehl-Flemming[1] ihn wiederum zum Ausdruck gebracht. Auch wir wollen nicht verfehlen, auf die Notwendigkeit, dieser Forderung endlich zu genügen, mit Nachdruck hinzuweisen. Die Formulierung bestimmter Reformvorschläge würde über den Rahmen dieses Vorberichts hinausgehen. Es soll hier nur darauf hingewiesen werden, daß speziell die Fürsorge für die nicht vollsinnigen bildungsfähigen Kinder eine Aufgabe darstellt, die grundsätzlich — soweit nicht schon eine befriedigende anderweitige Regelung durch Spezialgesetze erfolgt ist — zur Übernahme auf die leistungsfähigeren Schultern der Landarmenverbände sehr wohl geeignet wäre, und es ließe sich weiter erwägen, ob nicht auch im Falle der Abnahme von Kindern gemäß §§ 1666, 1838 B.G.B. diese Verbände zur Durchführung der vormundschaftsgerichtlichen Beschlüsse auf ihre Kosten herangezogen werden sollten.

Vielleicht könnte die Behandlung dieser mehr mit der Organisation des Armenwesens beziehungsweise der Armenkinderpflege zusammenhängenden Frage den Gegenstand eines späteren besonderen Referats bilden[2]. In diesem Abschnitt unseres Vorberichts sollte lediglich der Weg gezeigt werden, auf welchem wir dem erstrebenswerten Ziel einer Vereinheitlichung des materiellen Armenrechts möglichst nahe kommen könnten.

---

[1] Heft 73, S. 75 der Vereinsschriften.

[2] Vgl. hierzu die erst während der Drucklegung dieses Vorberichts erschienenen Abhandlungen von Klumker über „Armenpflege und Kinderfürsorge" in der Zeitschrift für das Armenwesen 1912, S. 129 ff., sowie von Petersen über „Das Recht des Kindes auf Erziehung und dessen Verwirklichung" in den Schriften des Allgemeinen Fürsorge-Erziehungs-Tags 1912, Heft 1. Soweit sich Petersen in seiner Schrift mit den von uns behandelten Fragen des materiellen Armenrechts beschäftigt, steht er auf dem von uns vertretenen Standpunkt. Auf Seite 10 der letztgenannten Abhandlung führt er z. B. aus: „Die Tatsache, daß auch bei vorliegender armenrechtlicher Hilfsbedürftigkeit in einigen Bundesstaaten die Armenverbände für Erziehung zu sorgen nicht verpflichtet sind, ist für die Jugendfürsorge sehr verhängnisvoll gewesen," und auf Seite 11 heißt es: „Es ist Polligkeit durchaus beizustimmen, wenn er wünscht, daß Hilfsbedürftigkeit des Kindes seitens der Armenpflege nicht nur nach der materiellen Seite, sondern auch in erzieherischer Hinsicht anerkannt wird."

## Vierter Abschnitt.

# Abgrenzung der Leistungen der Armenpflege gegenüber Maßnahmen der Sozialpolitik.

Es ist zum Schluß nunmehr noch die Frage zu prüfen, ob der Kreis der gesetzlichen Aufgaben der Armenpflege, abgesehen von der Sorge für Erziehung, Unterricht und Erwerbsbefähigung der Kinder, etwa noch über den bisher in den Gesetzgebungen der einzelnen Bundesstaaten gezogenen Rahmen hinaus erweitert werden soll, und ob insbesondere die in den letzten Jahrzehnten in immer weiterem Umfange von den Kommunen ergriffenen Maßnahmen der Sozialpolitik zu Aufgaben der öffentlichen Armenpflege gemacht werden sollen. Die Frage muß vollständig objektiv und ohne Rücksicht auf irgendwelche Parteigrundsätze geprüft werden. Wenn die Sozialdemokratie in den Kommunalverwaltungen darauf drängt, daß möglichst viele Gebiete der Armenpflege entzogen und der „sozialen Fürsorge" zugewiesen werden, so hängt dies mit dem berechtigten Wunsche zusammen, die heute noch mit der Armenunterstützung in vielen Fällen verbundene Entziehung der politischen Rechte nach Möglichkeit einzuschränken[1]. Es bedarf hier kaum einer Auseinandersetzung darüber, daß es für die Abgrenzung der beiden Gebiete völlig gleichgültig ist, unter welcher Position des Gemeindebudgets die betreffenden Ausgaben verrechnet werden[2]. Wenn eine Gemeinde eine gesetzliche Pflicht der Armenunterstützung aus den Mitteln der Gemeinde erfüllt, so liegt eine Armenunterstützung im Sinne des Gesetzes vor, auch wenn die Ausgabe unter dem Titel „soziale Fürsorge" oder „Volksschule" oder „Krankenanstalten" verrechnet ist. Anderseits kann auch eine Unterstützung, die nicht in den Rahmen der gesetzlichen Armenfürsorge fällt, nicht dadurch zur Armenunterstützung gemacht werden, daß die Mittel dafür im Armenbudget vorgesehen sind. Die Verteilung der Einnahme- und Ausgabeposten auf die einzelnen Positionen des Budgets ist eine rein formelle Frage der Verrechnung, durch welche die nach dem materiellen öffentlichen Rechte zu entscheidende Frage, was als Armenunterstützung anzusehen ist, garnicht berührt wird.

Die Abgrenzung zwischen den Gebieten der öffentlichen Armenpflege und der sozialen Fürsorge hat nicht nach irgendwelchen formellen Merk-

---

[1] Über die Frage der Berechtigung der Entziehung des Wahlrechts bei Armenunterstützung vgl. den Aufsatz von v. Hollander im „Kommunalblatt für Ehrenbeamte" Nr. 2 vom 10. Januar 1912, S. 17—20.

[2] Buehl und Flemming a. a. O., S. 88.

malen, sondern von dem Gedanken aus zu erfolgen, daß die Armenpflege einzelne individuell hervortretende Fälle der Hilfsbedürftigkeit durch Gewährung der im Gesetz generell bestimmten Leistungen zu beseitigen hat, während die Maßregeln der sozialen Fürsorge ganzen Kategorien zugute kommen, ohne daß im einzelnen Falle eine Hilfsbedürftigkeit festzustellen ist. Die Gewährung unentgeltlichen Unterrichts und freier Lernmittel ist daher eine Maßregel der sozialen Fürsorge, wenn sie allen die Volksschule besuchenden Kindern zugute kommt, sie ist dagegen in denjenigen Staaten, in denen die Sorge für den Unterricht der Kinder eine gesetzliche Aufgabe der Armenpflege ist, zweifellos als Armenunterstützung anzusehen, wenn die Gewährung nur in einzelnen Fällen nach Feststellung der Hilfsbedürftigkeit erfolgt, auch wenn die Mittel dafür dem Schulbudget entnommen werden. Die Wirkungen der Armenunterstützungen — Ruhen der Frist für Erwerb und Verlust des Unterstützungswohnsitzes, Übernahme des Hilfsbedürftigen durch den endgültig unterstützungspflichtigen Armenverband und Erstattungsanspruch gegen den letzteren — treten daher auch in solchen Fällen ein. Der beteiligten Gemeindeverwaltung kann dabei nicht das Recht zugestanden werden, im einzelnen Falle zu beschließen, daß eine aus den Mitteln der Gemeinde in irgendeiner Form gewährte Unterstützung, wenn diese auf Grund der gesetzlichen Bestimmungen in den Rahmen der zu gewährenden Armenunterstützungen fällt, nicht als Armenunterstützung angesehen werden soll. Das wäre reine Willkür. Für die Frage, ob eine Armenunterstützung vorliegt, ist nur das Gesetz maßgebend. Gaben in Geld oder Naturalien, die aus den Mitteln der Gemeinde oder eines anderen Armenverbandes auf Grund der im einzelnen Falle festgestellten oder als erwiesen angenommenen Hilfsbedürftigkeit zum unentbehrlichen Lebensunterhalt, zur erforderlichen Krankenpflege, zum angemessenen Begräbnis oder — wo dies gesetzlich vorgeschrieben ist — für den Unterricht, die Erziehung oder die Erwerbsbefähigung der Kinder gegeben werden, sind immer als Armenunterstützung anzusehen. Eine Änderung dieses Zustandes kann nicht von der einzelnen Gemeinde beschlossen werden, sondern muß auf dem Wege der Gesetzgebung erfolgen.

Selbstverständlich aber steht den Gemeinden das Recht zu, der Armenpflege gewisse Aufgaben und Tätigkeitsgebiete dadurch zu entziehen, daß sie Maßregeln der kommunalen Sozialpolitik ergreifen, welche die Armenpflege entlasten und ihr Eingreifen im einzelnen Falle entbehrlich machen. Wenn eine Gemeinde zum Beispiel beschließt, sämtlichen die Volksschule besuchenden Kindern die Lernmittel unentgeltlich zu gewähren, so braucht die Armenpflege in bezug auf diese Lernmittel in den Fällen der Hilfsbedürftigkeit nicht mehr einzutreten, wie die allgemeine Gewährung des unentgeltlichen Volksschulunterrichts die Armenpflege davon befreit hat, für die bedürftigen Schulkinder das Schulgeld zu gewähren. Eine derartige Entlastung durch Maßregeln staatlicher oder kommunaler Sozialpolitik kann der Armenpflege natürlich nur willkommen sein und wird von ihr immer freudig begrüßt werden. Dagegen muß sie sich gegen das Bestreben verwahren, ihr Tätigkeitsgebiete zu entziehen, die nach dem Gesetz ihr zufallen müssen und die nicht willkürlich dadurch den Charakter als Armenpflege verlieren können, daß sie anderen Organen der Gemeindeverwaltung übertragen werden. Wenn das nach Ansicht der Referenten gewiß nicht unberechtigte Streben sich geltend macht, solchen Personen, die ohne ihr Verschulden hilfsbedürftig werden, die politischen Rechte zu erhalten, so muß dieses Bestreben sich auf eine Änderung der bezüglichen Gesetzgebung richten. Das Reichsgesetz vom 15. März 1909, betreffend die Einwirkung der Armenunterstützung auf öffentliche Rechte, und die im Anschluß daran erlassenen gleichlautenden Landesgesetze haben in dieser Beziehung einen wesentlichen Fortschritt gebracht, und es ist doch wohl nur eine Frage der Zeit, ob und inwieweit die noch vorhandenen Beschränkungen des Wahlrechts der Unterstützten beseitigt werden. Die Erkenntnis aber, daß ein bestehender gesetzlicher Zustand ungerechtfertigte Härten mit sich bringt, darf nicht dazu führen, durch willkürliche Anordnungen den gesetzlichen Zustand zu umgehen.

Wenn wir eine gleichmäßig wirkende und gerechte Armenpflege ausüben wollen, so ist es unbedingt erforderlich, daß zwischen den gesetzlichen Aufgaben der Armenpflege und den sozialpolitischen Maßnahmen der Gemeinde im Sinne der soeben entwickelten grundsätzlichen Verschiedenheit beider eine scharfe Grenzlinie gezogen wird. Das ist bei der Mehrzahl der in Betracht kommenden Maßnahmen nicht schwer. Wenn eine Gemeinde dafür Sorge trägt, daß die bei ihr beschäftigten Beamten und Arbeiter im Falle der Dienstunfähigkeit Ruhegehalte beziehen und daß ihre Witwen und Waisen versorgt werden, wenn sie, um den Folgen der Arbeitslosigkeit zu begegnen, Notstandsarbeiten einrichtet und Versicherungskassen gründet, wenn Volksküchen und Ledigenheime errichtet werden, in denen jede Person, die es wünscht, für einen billigen Preis ein Mittagessen und Wohnung erhalten kann: so handelt es sich um sozialpolitische Maßregeln, die wohl dazu dienen, die Armenpflege zu entlasten, die aber ebensowenig wie die Kranken-, Invaliden- und Unfallversicherung mit der Armenpflege irgend etwas zu tun haben. Ebenso sicher ist es, daß die Gewährung unentgeltlichen Obdachs an obdachlose Personen ein Akt der Armenpflege[1] ist, auch wenn das Obdachlosenasyl allen Personen ohne Prüfung der Hilfsbedürftigkeit offen steht. Wer ein solches Obdachlosenasyl aufsucht, gesteht damit zu, daß es ihm an dem zum notwendigen Lebensunterhalt gehörigen Obdach mangelt, d. h. daß er hilfsbedürftig ist und der Armenunterstützung bedarf. Es gibt aber auch eine ganze Anzahl von Einrichtungen — insbesondere auf dem Gebiete der modernen Jugendpflege —, bei denen diese Unterscheidung nicht so leicht zu treffen ist. Es sei hier an die sogenannte Schulspeisung, d. h. die Gewährung unentgeltlichen Frühstücks und Mittag-

[1] und nicht Aufgabe der Polizei. Vgl. hierüber die Vereinsschriften Heft 16, S. 292 ff., Heft 17, S. 17 ff., Heft 22, S. 19 ff. und Heft 23, S. 67 ff. Auf die Frage der Abgrenzung der öffentlichen Armenpflege gegenüber rein polizeilichen Maßnahmen soll in diesem Vorbericht nicht eingegangen werden.

essens an Schüler der Volksschule, an Ferienkolonien, Erholungsheime Krippen, Kinderhorte usw. erinnert. Ebenso ist die Unterscheidung nicht immer leicht, wenn es sich um Einrichtungen der Krankenversorgung, um Lungenheilstätten, Solbäder, Trinkerheilanstalten u. dgl. handelt. Wir müssen daher diese Einrichtungen etwas näher ins Auge fassen und sie auf Grund der prinzipiellen Unterscheidung zwischen Armenpflege und sozialpolitischen Maßnahmen prüfen.

Vor allem sei daran erinnert, daß eine Armenunterstützung überhaupt nur in Frage kommen kann, wenn und soweit Mittel des Armenverbandes auf derartige Einrichtungen verwendet werden. Wenn Krippen und Erholungsheime aus Mitteln der Privatwohltätigkeit, von Vereinen oder Stiftungen unterhalten werden, so kommt eine Armenunterstützung unter keinen Umständen in Frage, und zwar auch dann nicht, wenn den betreffenden Vereinen zur Unterhaltung der gemeinnützigen Anstalt aus den Mitteln der Gemeinde eine bestimmte jährliche Subvention gezahlt wird. In solchen Fällen kann gar nicht festgestellt werden, wie hoch die auf den Einzelnen etwa entfallende Unterstützung aus den Mitteln der Gemeinde sich beläuft. Dieser Feststellung bedarf es aber bei jeder Armenunterstützung schon wegen des Erstattungsanspruchs an den endgültig verpflichteten Armenverband und wegen der eventuellen Ansprüche gegen den Unterstützten selbst und die zu seinem Unterhalte verpflichteten Personen.

Wenn wir die einzelnen in Betracht kommenden Einrichtungen ins Auge fassen, so ergeben sich die größten Schwierigkeiten bezüglich einer scharfen Abgrenzung zwischen Armenpflege und sozialer Fürsorge bei der sogenannten Schulspeisung. Da die Verabfolgung der erforderlichen Nahrung zur Gewährung des unentbehrlichen Lebensunterhalts gehört, so ist es ganz zweifellos Sache der Armenverwaltungen, dafür Sorge zu tragen, daß die Schulkinder die notwendige Nahrung erhalten. Dieser Sorge entledigt sich die Armenpflege meist in der Weise, daß die Eltern, die nicht in der Lage sind, sich und ihre Familie aus eigenen Mitteln zu ernähren, Armenunterstützung in Geld oder Naturalien erhalten. Diese Unterstützung muß nach den gesetzlichen Vorschriften so hoch bemessen sein, daß der unentbehrliche Lebensunterhalt für die Familie damit beschafft werden kann. Wenn die Eltern trotz ausreichender Armenunterstützung ihre Kinder in bezug auf die Gewährung des notwendigen Lebensunterhaltes vernachlässigen, sei es, daß sie die ihnen gewährten Mittel für andere Zwecke verwenden, sei es, daß sie es nicht verstehen, sie richtig und zweckmäßig einzuteilen, so wird das Fürsorgeerziehungsverfahren einzuleiten sein oder die Abnahme der Kinder nach § 1666 B.G.B. zu erfolgen haben. Diese scheinbar einfache Sachlage wird aber oft durch die verschiedensten Umstände kompliziert. Zunächst wird auch die bestorganisierte Armenpflege allen Bedürfnissen der Einzelfälle, die in sehr verschiedenartiger Weise zutage treten, nicht immer folgen können. Das Prinzip der Individualisierung, das der modernen Armenpflege zugrunde liegt, läßt sich — insbesondere in den großen Städten — doch nicht ohne jede Beschränkung durchführen, da eine gewisse gleichartige Behandlung der Unterstützten im Interesse der Gerechtigkeit doch immer gewahrt werden muß, andernfalls wären die sogenannten Ausschlußsätze überhaupt nicht erforderlich. Dann aber stellt speziell auch die Schule Anforderungen an das Kind, denen der von der Armenpflege gewährte unentbehrliche Lebensunterhalt häufig nicht genügt. Der Schularzt erklärt in vielen Fällen mit vollem Recht, wenn dieses oder jenes Kind mit seiner etwas schwächlichen Konstitution den Anforderungen der Schule genügen soll, so bedarf es statt des in der Familie üblichen Kaffees eines warmen Milchfrühstücks und mittags statt der Kartoffeln und der Grütze einer kräftigen Fleischnahrung. Diesen Anforderungen kann und darf die Armenpflege nicht genügen, und es muß daher auf andere Weise Abhilfe geschaffen werden.

Das ist in sehr zahlreichen Städten bereits geschehen. Von den in unserer Umfrage befragten Städten gewähren 20 Städte die Schulspeisung aus Mitteln der Armenverwaltung und 72 aus anderen städtischen Mitteln, während 45 Städte die Schulspeisung der privaten Wohltätigkeit überlassen. Wie wir gesehen haben, ist es indessen für die Frage, ob die Gewährung von Nahrungsmitteln an Kinder als Armenunterstützung der Eltern anzusehen ist, ganz gleichgültig, unter welchem Titel des Gemeindebudgets die Mittel dafür vorgesehen sind. Wenn die Gewährung aus Rücksicht auf den Schulbesuch erfolgt, so kann von einer Armenunterstützung keine Rede sein. Die Präsumtion wird im Zweifel für diese Annahme sprechen.

Die in vielen Städten eingeführte Gewährung eines unentgeltlichen Milchfrühstücks an unbemittelte Schulkinder erfolgt in der Regel in der Schule vor dem Beginn des Unterrichts und stellt sich sonach als eine Einrichtung der Schule dar. Das wird auch vom Standpunkt der Armenpflege aus nicht zu beanstanden sein, wenn es sich um Kinder handelt, die, damit sie den Anforderungen der Schule nachkommen können, wegen ihrer körperlichen Beschaffenheit und wegen der häuslichen Verhältnisse, außer dem ihnen im Hause gewährten Frühstück eines solchen Milchfrühstücks bedürfen. Grundsätzlich soll aber durch ein solches zweites Frühstück keine Entlastung des Elternhauses herbeigeführt werden. Sofern letzteres der Fall ist, sofern das Schulfrühstück an die Stelle des im Elternhause zu gewährenden Frühstücks tritt, gewinnt es den Charakter einer Armenunterstützung.

Anders steht es mit der Gewährung eines unentgeltlichen Mittagessens an Schüler der Volksschule, dieses kann und darf aus den verschiedensten Gründen niemals zu einer Einrichtung der Schule werden. Es fällt dabei weniger ins Gewicht, daß die Beschaffung der erforderlichen Lokale und Einrichtungen in den Schulhäusern unerschwingliche Kosten verursachen würde, als daß eine solche Einrichtung der Schule, die naturgemäß einen immer weiteren Umfang annehmen würde, zur allmählichen Auflösung des Familienlebens führen müßte. Die Gewährung des Mittagessens wird immer nur eine Maßregel bleiben müssen, die als besondere Ausnahme in einzelnen Fällen zulässig und geboten sein wird, die aber unter keinen Umständen zur Regel werden darf. Diese Beschränkung wird nur dann eingehalten werden können, wenn den bedürftigen Kindern das Mittagessen in besonderen Lokalen und unter geeigneter Aufsicht — am besten in sogenannten Kinder-Volksküchen — verabfolgt wird. Mit der Trennung von der Schule und ihrem Betriebe hängt nicht zusammen, daß die Gewährung des Mittagessens aus den Mitteln der Gemeinde als Armenunterstützung anzusehen ist; letzteres wird vielmehr nur dann der Fall sein, wenn dem Kinde der unentbehrliche Lebensunterhalt zu Hause nicht gewährt wird. Wenn aus Gründen der Schule, d. h. weil im einzelnen Falle die Anforderungen der Schule eine über den unentbehrlichen Lebensunterhalt hinausgehende kräftige Nahrung erforderlich machen, ein Mittagessen gewährt werden muß, so handelt es sich um eine nicht in den Rahmen der gesetzlichen Armenpflege fallende Zuwendung.

Bezüglich derjenigen Einrichtungen, die von der Gemeinde aus ihren Mitteln zur Kräftigung und Erholung der heranwachsenden Jugend getroffen werden, wird festzuhalten sein, daß ihre Benützung nur dann als Armenunterstützung angesehen werden kann, wenn es sich um die Gewährung der „erforderlichen Krankenpflege" handelt. Auch wenn man diesen Begriff weit interpretiert, wie es der modernen Entwicklung entspricht und wie es infolge der Rechtsprechung des B. A. f. d. H. W. bezüglich der Behandlung in Lungenheilstätten jetzt allgemein geschieht, wird man die Unterbringung in Ferienkolonien, bei denen es sich, wenn auch um schwächliche und erholungsbedürftige, so doch nicht um eigentliche kranke Kinder handelt, doch niemals als einen Akt der öffentlichen Armenpflege ansehen können. Anders steht es schon mit den Erholungsheimen und Solbädern, in die kranke Kinder auf Kosten der Gemeinde aufgenommen werden. Je nachdem es sich um die „erforderliche Krankenpflege" handelt oder nicht, wird eine Armenunterstützung anzunehmen sein oder eine Maßregel der sozialen Fürsorge. Im ersteren Fall entspricht den eventuell mit der Gewährung einer Armenunterstützung verbundenen Nachteilen auch wiederum der gesetzliche Anspruch auf Gewährung der Leistung.

Die Krippen, Kinderhorte und ähnliche Anstalten werden wohl nur in seltenen Fällen von den Gemeinden selbst unterhalten; außerdem pflegt in ihnen für die Kinder ein bestimmter — wenn auch geringer — Verpflegungskostenbeitrag von den Eltern erhoben zu werden. Sie scheiden daher aus diesen Gründen aus den Anstalten der öffentlichen Armenpflege aus. Werden die Anstalten von den Gemeinden unterhalten, so liegt eine Armenunterstützung vor, wenn ein Kind in einer solchen Anstalt den unentbehrlichen Lebensunterhalt oder die unentbehrliche Krankenpflege auf öffentliche Kosten erhält.

Buehl und Flemming sind in ihrem Referat[1] zu dem Resultat gelangt, daß die sich geltend machende Tendenz einer Erweiterung der an die öffentliche Armenpflege gestellten Anforderungen in der bestehenden Gesetzgebung ihre Rechtfertigung finde und daß die Gesetzgebung nicht durch die Verwaltungspraxis überholt sei. „Vielmehr bleiben die

[1] A. a. O., S. 100.

Leistungen der meisten Armenverwaltungen in bezug auf das Maß der Unterstützung hinter denjenigen Anforderungen zurück, welche bei richtiger Auslegung des Gesetzes in dieser Hinsicht zu erheben sind." Wir können uns dieser Ansicht nur anschließen. Wir erheben aber auch ferner die Forderung, daß eine weitere Besserung der auf dem Gebiete der öffentlichen Armenpflege im Deutschen Reich bestehenden Zustände dadurch herbeigeführt werde, daß durchgängig leistungsfähige Armenverbände geschaffen werden und daß eine einheitliche und ausreichende Beaufsichtigung der öffentlichen Armenpflege stattfindet. Die Voraussetzung dieser zu erstrebenden Ziele aber bildet die einheitliche deutsche Armengesetzgebung, die in bezug auf die Art und das Maß der im Falle der Hilfsbedürftigkeit zu gewährenden öffentlichen Unterstützung gleiche Grundsätze für das ganze Gebiet des Deutschen Reiches festsetzt.

---

## Anhang.

(Umfrage.)

I. Werden dort zugunsten Minderjähriger Armenmittel auch in Fällen aufgewendet, wo die öffentliche Fürsorge ausschließlich oder doch vornehmlich aus erzieherischen Rücksichten eintritt, nämlich:

a) zur Erziehung und Ausbildung nicht vollsinniger Kinder (blinder, taubstummer, idiotischer, epileptischer, gebrechlicher und verkrüppelter Kinder)?

b) zur Bestreitung des Schulgelds und der erforderlichen Schulmittel (insbesondere auch bei Unterbringung von Kindern in ländlichen Pflegestellen)?

c) zur Unterbringung schulentlassener Kinder in Lehr- und Dienststellen (Bezahlung des Lehrgeldes usw.)?

d) zur Verabfolgung von Ausrüstungen an Jugendliche, die auf öffentliche Kosten untergebracht sind, bei ihrem Eintritt in das Erwerbsleben?

e) zum Zwecke der Schulspeisung? (Falls hierfür öffentliche Mittel außerhalb des Armenbudgets, z. B. im Schuletat oder durch Subventionierung privater Vereine bereitgestellt werden, wolle dies besonders vermerkt werden.)

f) in Fällen zwangsweiser Trennung von Kindern von den Erziehungsberechtigten im Wege vormundschaftsgerichtlicher gemäß §§ 1666, 1838 B.G.B. erlassener Anordnungen?

g) in Fällen freiwilliger Abgabe von Kindern bei ungenügender Erziehung durch die Erziehungsberechtigten?

II. Wurde dort die Wahrnehmung gemacht, daß die Gerichte die Neigung haben, gemäß §§ 1666, 1838 BGB. Anordnungen zu treffen und dem Armenverband die Fürsorge zu überlassen in Fällen, in denen die Voraussetzungen zur Unterbringung in Fürsorge-(Zwangs-) erziehung gegeben schienen?

---

# Mitbericht,

erstattet von

Bürgermeister Dr. Thode-Stettin.

---

# Die gesetzliche Regelung der Aufgaben der öffentlichen Armenpflege.

Auf der 25. Jahresversammlung des Deutschen Vereins für Armenpflege und Wohltätigkeit 1905 zu Mannheim wurde das Thema „Die heutigen Anforderungen an die öffentliche Armenpflege im Verhältnis zu der bestehenden Armengesetzgebung" verhandelt.

Was die Frage betrifft, ob es notwendig sei, die Gesetzgebung zu ändern, so wurde sie von den Berichterstattern — abgesehen von der Forderung, für Elsaß-Lothringen und Bayern neues Recht zu schaffen — nicht betont, auch in der Erörterung nur gestreift. In der Entschließung vom 22. September 1905, in der das Ergebnis der Verhandlungen zusammengefaßt wurde, heißt es im Schlußsatz: „Als letztes Ziel ist eine einheitliche deutsche Armengesetzgebung ins Auge zu fassen."

Nach dem vom Zentralausschusse erteilten Auftrage sollen die Berichte über das diesjährige Thema „Die gesetzliche Regelung der Aufgaben der öffentlichen Armenpflege" unmittelbar an die Mannheimer Verhandlungen anknüpfen. Es sind auch in der Tat die damaligen Berichte von Buehl und Flemming stofflich für unsere Frage so erschöpfend, daß es sich nur darum handeln kann, die in den Mannheimer Vorträgen und der damaligen Erörterung vorgebrachten Gedanken weiterzuspinnen. Da ferner die Abgrenzung der öffentlichen Armenpflege gegenüber der sozialen Fürsorge Gegenstand der Betrachtung sein muß, so sind die grundlegenden Erörterungen von Flesch über „Die soziale Ausgestaltung der Armenpflege" im 54. Heft der Schriften des Vereins ausgiebig zu verwerten.

Wenn die obenerwähnte Entschließung vom 22. September 1905 eine einheitliche deutsche Armengesetzgebung als „letztes Ziel" ins Auge gefaßt sehen will, so ist demgegenüber zu betonen, daß hinsichtlich der Abgrenzung der Aufgaben der öffentlichen Armenpflege eine solche einheitliche gesetzliche Regelung dringend und schleunigst herbeizuwünschen ist. Wenn anders es Männern der Praxis gegenüber eines Beweises für diese Forderung überhaupt noch bedarf, so mag der kurze Hinweis auf die unfruchtbaren und unerquicklichen Streitigkeiten genügen, die aus der Nichtübereinstimmung der landesgesetzlichen Bestimmungen immer wieder erwachsen. Und dabei sind abgesehen von einem Punkte die Unterschiede in den Landesgesetzen ganz geringfügiger Art.

Hier muß Wandel geschaffen werden, und zwar liegen die Dinge so, daß die Vereinheitlichung durch die Gesetzgebung des Reiches erfolgen sollte. Der soeben erwähnte, einzige sachlich wirklich erhebliche Unterschied liegt darin, daß die Minderheit der Landesgesetze die Aufwendungen für Erziehungszwecke zu den Aufgaben der öffentlichen Armenpflege hinzurechnet, während die große Mehrheit den gegenteiligen Standpunkt vertritt. Hier bedürfte es einer materiellen Entscheidung durch den Gesetzgeber. Die übrigen Unterschiede zwischen den einschlägigen Gesetzesvorschriften der einzelnen Glieder des Reiches[1] — nachdem für Elsaß-Lothringen das Gesetz vom 8. November 1909 zur Ausführung des Gesetzes über den Unterstützungswohnsitz vom 30. Mai 1908 (G.Bl. für Elsaß-Lothringen 1909, S. 105—117) ergangen ist, kommen 25 verschiedene Landesgesetze in Frage — sind so geringfügig, daß man geradezu von einem gemeinsamen Rechte — mit einziger Ausnahme von Bayern[2] — sprechen kann[3].

Eine formelle Schwierigkeit liegt darin, daß der Art. 4 der Verfassung vom 16. April 1871 dem Deutschen Reiche die Zuständigkeit auf dem Gebiete des Armenwesens nicht beilegt. Sie könnte ihm nur im Wege der Verfassungsänderung (Art. 78) gegeben werden. Eine solche erscheint aber vorliegenden Falles ganz unbedenklich, denn mit Recht führt Buehl[4] aus: „Wenn die Armut durch die jeweilige Wirtschaftsordnung mit bedingt wird, die Armenpflege also gewissermaßen die Aufgabe hat, die sich aus der bestehenden Wirtschaftsordnung ergebenden Konsequenzen auszugleichen, so ist es nur folgerichtig, wenn das Reich, dem die Wirtschaftsgesetzgebung obliegt, auch dazu berufen wird, die materiellen Grundlagen der Armenversorgung zu schaffen."

Es liegt ferner durchaus im Wesen der Verfassung eines Bundesstaates, den Bundescharakter mehr und mehr erstarken zu lassen, und wenn auf einem wichtigen Gebiete durch die — wie wir sehen, vorliegenden Falles bis auf einen Punkt — übereinstimmende Entwicklung der Gesetze der einzelnen Bundesglieder ein gemeinsames Recht entstanden ist, diesem auch in der Form der gemeinverbindlichen Gesetzgebung der höheren Einheit folgerichtigen Ausdruck zu geben. Die hinsichtlich der Einbeziehung des Armenwesens in die Zuständigkeit des Reiches erforderliche Verfassungsänderung würde etwa in derselben Richtung sich bewegen wie die des Verfassungsänderungsgesetzes vom 20. Dezember 1873, durch die dem Reiche die Gesetzgebung über das gesamte bürgerliche Recht (statt bisher nur über das Obligationenrecht) beigelegt wurde.

Die Kernfrage, mit der ausschließlich sich der folgende Mitbericht befassen soll, ist die, wie die pflichtmäßigen Aufgaben der öffentlichen

---

[1] Näheres bei Buehl, Schr. d. D. V. 73, S. 16 ff.

[2] Wegen Bayern vgl. Fleischmann, Schr. d. D. V. 75, S. 106 f. — In dem Augenblick, wo diese Zeilen zum Druck gehen, berichtet die Presse, daß dem bayerischen Landtage ein Gesetzentwurf vorliege, durch den die Staatsregierung ermächtigt werden soll, beim Bundesrate die Einführung des Reichsgesetzes über den Unterstützungswohnsitz in Bayern zu beantragen. (Kommunalblatt für Ehrenbeamte vom 10. Juli 1912.)

[3] Vgl. Buehl und Flemming, Schr. d. D. V. 73, S. 16—22.

[4] Schr. d. D. V. 73, S. 99.

Armenpflege zu umgrenzen wären. Ich halte dafür, daß die Umgrenzung des Umfanges der Unterstützungspflicht, wie sie das preußische Ausf.-Ges. z. U.W.G. vom 8. März 1871 (G.S. 130) im § 1[1] gibt, das Richtige trifft, wenn es dem Armenverbande auferlegt, jedem hilfsbedürftigen Deutschen Obdach, den unentbehrlichen Lebensunterhalt, die erforderliche Pflege in Krankheitsfällen, und im Falle seines Ablebens ein angemessenes Begräbnis zu gewähren.

Es soll versucht werden, im folgenden den Beweis für die Richtigkeit dieser Ansicht zu erbringen.

I. Will man die Frage erörtern, wie ein künftiges einheitliches Recht die Grenzen der Armenverwaltung zweckdienlich zu ziehen haben werde, so wird man von dem Grundgedanken der öffentlichen Armenpflege, wie er geschichtlich sich entwickelt hat[2], ausgehen müssen. Es wird sodann zu erörtern sein, ob etwa eine in der neuesten Zeit angebahnte Entwicklung zu einer Veränderung des Wesens der öffentlichen Armenpflege und zu einer abweichenden Grenzregelung bereits geführt hat oder zu führen geeignet ist.

Ihrem Ursprunge[3] nach ist die Armenpflege eine Fürsorge für das hilfsbedürftige Einzelwesen, keine Fürsorge für die Gesamtheit. Die Aufgaben werden ihr gestellt durch die wirtschaftliche Not, den Mangel an Unterhaltsmitteln, die in jedem öffentlichen Gemeinwesen und — wie uns die Geschichte lehrt — unter jeder bisherigen Gesellschaftsform für einzelne Genossen bestanden hat und weiter besteht. An diesem wesentlichen Begriffsmerkmal der neuzeitigen Armenpflege ist dadurch nichts geändert worden, daß sie, die ursprünglich auf sittlich-religiöser Grundlage beruhte und freiwillig betätigt wurde, durch Staatsgesetze in eine Rechtspflicht der bürgerlichen Gemeinden gewandelt worden ist. Die solchergestalt rechtlich gesicherte öffentliche Armenpflege bewirkt nunmehr, daß jeder Hilfsbedürftige, d. h. jeder, der weder das nötige pekuniäre Vermögen noch die Arbeitsfähigkeit besitzt, um sich und den Seinen den zur Fristung des Lebens nötigen Unterhalt zu bestreiten, ein — wenn auch nicht klagbares — Anrecht auf Armenhilfe, d. h. auf die Gewährung des Notbedarfes hat. Mehr aber besagt sie nicht.

Die Armenpflege unterscheidet sich also wesentlich von der Sozial-

---

[1] Der Paragraph lautet wörtlich:

(Umfang der Unterstützungspflicht.) Jedem hilfsbedürftigen Deutschen (§ 69) ist von dem zu seiner Unterstützung verpflichteten Armenverbande Obdach, der unentbehrliche Lebensunterhalt, die erforderliche Pflege in Krankheitsfällen und im Falle seines Ablebens ein angemessenes Begräbnis zu gewähren.

Die Unterstützung kann geeigneten Falles, solange dieselbe in Anspruch genommen wird, mittelst Unterbringung in einem Armen- oder Krankenhause, sowie mittelst Anweisung der den Kräften des Hilfsbedürftigen entsprechenden Arbeiten außerhalb oder innerhalb eines solchen Hauses gewährt werden.

Gebühren für die einem Unterstützungsbedürftigen geleisteten geistlichen Amtshandlungen sind die Armenverbände zu entrichten nicht verpflichtet.

[2] Vgl. Buehl und Flemming, Schr. d. D. V. 73, S. 3—10 (im folgenden kurz Buehl zitiert).

[3] Vgl. zum folgenden Flesch, Schr. d. D. V. 54, S. 1 ff.

politik. Wir fassen unter „Sozialpolitik“ die Maßnahmen öffentlicher Gemeinwesen zusammen, die das Ziel haben, die wirtschaftliche Lage der unteren Volksschichten zu heben, ihnen Anteil zu geben an den Errungenschaften fortschreitender Kultur, die Gegensätze in der bürgerlichen Gesellschaft auszugleichen und dadurch die Volkskraft im Wettbewerb der Völker zu heben.

Es sind humanitäre, philosophische, vorwiegend aber sicher politische Erwägungen gewesen, aus denen heraus der Grundstein zu dem heute so stolzen Bau unserer sozialen Gesetzgebung gelegt wurde. Die Kaiserliche Botschaft vom 17. November 1881 besagt, daß „dem Vaterlande innerer Frieden und den Hilfsbedürftigen größere Sicherheit und Ergiebigkeit des Beistandes, auf den sie Anspruch haben,“ gegeben werden solle. Wir dürfen diese Worte dahin auslegen, daß man angesichts des in scharfen politischen Kämpfen sich dartuenden Andrängens der Unbemittelten auf eine Gleichberechtigung mit den Vermögenderen den breiten Schichten der Arbeiterschaft eine größere Sicherstellung der Lebenshaltung in Aussicht zu stellen sich entschloß, um starken inneren Erschütterungen des Staatswesens nach Möglichkeit vorzubeugen und, da die Stärkung der schwachen Glieder gleichzeitig eine Stärkung der Gesamtheit bedeutet, damit zugleich die Kraft des deutschen Volkes für das friedliche und kriegerische Ringen mit anderen Völkern zu heben. Wie aus dem angezogenen Wortlaut der Kaiserlichen Botschaft ohne weiteres ersichtlich ist, handelt es sich bei der durch sie eingeleiteten Sozialpolitik zum Teil um dieselben Objekte der Fürsorge wie bei der Armenpflege. Daß der Wirkungskreis der Arbeiterversicherung und der der Armenpflege sich in beträchtlichem Umfange decken, ergibt sich einmal daraus, daß die der deutschen Arbeiterversicherung unterliegenden Kreise der Arbeiterschaft, zumal nach den Erweiterungen, die die Reichsversicherungsordnung gebracht hat, auch die untersten Schichten umfassen, aus denen der größte Teil der der Armenpflege anheimfallenden Personen herstammt; sondern auch aus dem Umstande, daß die Ursachen der Armut zu ganz erheblichem Teile auf Krankheit, Gebrechen, Altersschwäche oder Unfallverletzungen des Unterstützten und auf Tod durch Unfall des Verletzten beruhen, die sich mit den wichtigsten Versicherungsfällen decken [1].

Zu der Hilfe bei bereits eingetretener Not kommt dann ferner eine umfassende Tätigkeit der Träger der Arbeiterversicherung im Sinne der Vorbeugung, die sich äußert in der planmäßigen Bekämpfung der Tuberkulose, der Trunksucht, der Geschlechtskrankheiten, der Arbeiterwohnungsnot, der Arbeitslosigkeit (durch Arbeitsvermittlung) und in der Verbreitung gesundheitlicher Aufklärung durch Vorträge, Lichtbilder, Ausstellungen, Merkblätter usw. So wird eine Fülle von Unterstützungsfällen entweder der Armenpflege von vornherein abgenommen, oder es wird überhaupt ihre Entstehung verhütet.

[1] Vgl. Zahn in der Zeitschr. d. Kgl. Bayr. Statistischen Landesamts 1911, Heft 1. Er teilt mit, daß nach der Reichs-Armenstatistik von 1885 auf die genannten Ursachen 58,8% der Unterstützten entfielen.

Man hätte nun erwarten dürfen, daß, weil hier neue Einrichtungen entstanden, deren umfassender Aufgabenkreis das Wirkungsfeld der öffentlichen Armenpflege stark berührte, die Armenpflege ihre Kreise enger als bisher zu ziehen Anlaß gehabt hätte. Das gerade Gegenteil aber ist eingetreten. Wie ist das zu erklären?

Nun, die soziale Gesetzgebung hat eben auch außerhalb ihres eigenen Gebietes den sozialen Geist geweckt und fortschreitend vertieft. Die Arbeiterversicherung hat sich mehr und mehr als eine soziale Schule für die Gesamtheit erwiesen und ihre Früchte auf vielen Feldern menschlicher Daseinsbetätigung gezeitigt. Auch die Armenpflege ist „sozial ausgestaltet" worden und ist damit, wie ich sagen möchte, über ihre Ufer getreten. Sie hat vergessen, daß sie ihrer Herkunft nach nur den Notbedarf zu gewähren hat und auch das nur hilfsweise und in letzter Linie, wenn der Bedürftige ihn von keiner anderen Seite erhalten kann. Als das sozial geschulte Auge tieferen Einblick in die Grundursachen der Verarmung gewann, entwickelte sich der Gedanke der vorbeugenden Armenpflege — ein Widerspruch in sich, wenn anders man an dem geschichtlich überlieferten Begriffe der Armenpflege festhalten will.

In den die armenrechtliche Unterstützungspflicht regelnden landesgesetzlichen Vorschriften[1] findet diese ausdehnende Auslegung des Begriffes der Armenpflege keine Stütze, es sei denn, daß man die in der Minderheit der Bundesstaaten pflichtmäßigen Aufwendungen für Erziehung, Unterricht und Erwerbsbefähigung der Kinder als vorbeugende Maßnahmen betrachten wollte. Auch hat erfreulicherweise das Bundesamt für das Heimatwesen, obwohl hart bedrängt, in folgerichtiger Rechtsprechung an dem geschichtlich gewordenen Begriffe der Armenpflege festgehalten. In einer neueren Entscheidung (vom 14. Dezember 1910, **43**, 26) heißt es: „Das Bundesamt hat in zahlreichen Entscheidungen[2] dargelegt, daß die Hilfsbedürftigkeit, um die Gewährung der Armenunterstützung zu rechtfertigen, eine gegenwärtige oder doch unmittelbar bevorstehende sein muß . . . Es folgt daraus . . ., daß es nicht Sache der Armenpflege ist, vorbeugend einzugreifen, wenn nur gewisse Tatsachen vorliegen, die den Eintritt der Hilfsbedürftigkeit in einer mehr oder minder entfernten Zeit lediglich als möglich erscheinen lassen." —

Betrachtet man die Entwicklung, die unter dem Leitstern der „vorbeugenden Armenpflege" eingesetzt hat, so wird man, auch wenn man kein Theoretiker ist, sondern durchaus Praktiker zu sein sich bewußt ist, feststellen müssen, daß hier eine bedenkliche Verwischung der begrifflichen Grenzen eingetreten ist. In seinem Generalbericht über die 25 jährige Tätigkeit des Vereins für Armenpflege und Wohltätigkeit[3] hob Münsterberg es als einen besonderen Vorzug hervor, daß die Verhandlungen des Vereins „nie zu rein theoretischen Auseinandersetzungen herabgesunken sind, daß sie auf der anderen Seite nie einen nüchternen

---

[1] Buehl, Schr. d. D. V. 73, S. 16–22.
[2] Vgl. dazu Wohlers-Krech, Anm. 13 zu § 28.
[3] Schr. d. D. V. 75, S. 15.

Rationalismus zu predigen versucht haben, sondern daß es gelungen ist, in einer glücklichen Vereinigung die Gründlichkeit wissenschaftlicher Forschung mit dem lebendigen Gefühl für die Anforderungen des praktischen Lebens zu verbinden." In der vorliegenden Frage aber hat meines Erachtens die Theorie sich zu sehr von der Praxis mitreißen lassen. Aus der Praxis insbesondere großstädtischer Armenverwaltungen heraus sind die Bestrebungen erwachsen, „vorbeugende Armenpflege" zu treiben, und man hat in immer ausgedehnterem Umfange derartige der Verarmung vorbeugende Maßnahmen als in den Aufgabenkreis der Armenpflege ohne weiteres hineinfallend darzustellen sich bemüht. Nun, die Praxis folgt den Bedürfnissen des Lebens, wie sie sie in unserer hastig vorwärts drängenden, schnellebigen Zeit zu erkennen glaubt, und macht sich über die systematische Eingliederung des Neuen wenig Skrupel. Hier wäre es meines Erachtens verdienstlich gewesen, wenn die Theorie ihre Stimme lauter erhoben hätte, um darauf hinzuweisen, daß man mit den Maßnahmen der vorbeugenden Armenpflege über die Grenzen des geschichtlich gewordenen Begriffs der öffentlichen Armenpflege weit hinausgehe, — die auf die soziale Ausgestaltung der Armenpflege drängende Richtung war aber so stark, daß Bedenken aus der Theorie kaum laut geworden sind. Um so dankenswerter ist es, daß in neuerer Zeit hier und da sehr beachtliche Stimmen sich erhoben, die vor einer Überschätzung der Kräfte der Armenpflege warnen. So hat Flesch sich mehrfach mit der Frage befaßt: „Was kann die öffentliche Armenpflege leisten?"[1] und sie dahin beantwortet, daß ihr Machtbereich lange nicht so groß sei, wie vielfach geglaubt werde. Jeder, der an der Fortentwicklung der Armenfürsorge in irgendeiner Art mitzuarbeiten berufen sei, müsse, wenn neuartige Anforderungen an die Armenpflege herantreten, tunlichst Klarheit haben über das, was die Armenpflege vermöge, und das, was sie nicht vermöge. Auch Buehl erklärt es für notwendig, den gesteigerten Anforderungen der vorbeugenden Armenpflege gegenüber „den Aufgabenkreis der Armenpflege fester und auch enger zu umgrenzen." Ferner Fleischmann[2]: „Ich stehe auf dem Standpunkte, daß, was immer Vorbeugung heißt, nichts anderes ist als soziale Fürsorge." Hierher rechnet auch die Betrachtung, mit der Münsterberg den Generalbericht über die 25 jährige Tätigkeit des Vereins beschloß[3]: „Ich betonte . ., daß unsere Ziele sich doch langsam und unmerklich in fortschreitender Entwicklung mit der Bedeutung vorbeugender Wohlfahrtspflege erfüllt haben . . Wir wollen aber, indem wir die soziale Bedeutung der Armenpflege erkennen, nicht nur im Interesse der Armenverbände die Armenlasten verringern, sondern unser ferneres und höheres Ziel ist, die Armenpflege mehr und mehr zurücktreten zu lassen, sie mehr und mehr zu dem zu machen, was sie ihrer Natur nach sein soll, zu einer subsidiären Tätigkeit. Wenn Sie

---

[1] Vgl. Schr. d. D. V. 54, S. 10 f. und Mitt. des Waisen- und Armenamts Frankfurt a. M. 1912, Nr. 59.

[2] Schr. d. D. V. 75, S. 106.

[3] Schr. d. D. V. 75, S. 22 f.

die Bewegung der neueren Zeit verfolgt haben, so werden Sie wahrgenommen haben, daß vor allem man sich bemüht, die Versicherung auszudehnen auf die Witwen und Waisen und vor allem gegen jene furchtbare Last und Gefahr unserer gesamten Armenpflege, gegen die Arbeitslosigkeit. In dem Kampf gegen Tuberkulose und Säuglingssterblichkeit wird gefordert, daß die Leistungen auf diesem Gebiete nicht den Charakter der Armenpflege tragen sollen, daß man diese Bestrebungen aufbauen soll auf Grund von staatlichen und Gemeindeleistungen, allenfalls auf freier Liebestätigkeit, daß aber diese vorbeugende Hilfe nicht mit dem vielfach drückenden Stempel der Armenpflege belastet werden solle. Und so haben sich uns unter der Hand während der 25 jährigen Tätigkeit Aufgaben, die wir noch damals als rein armenpflegerische bezeichneten, allmählich umgewandelt in hygienische, in soziale, in erzieherische Aufgaben, ja in allgemeine Wohlfahrtsmaßregeln."

Meines Erachtens ist es an der Zeit zu betonen, daß die vorbeugende Pflege überhaupt niemals in den Kreis der öffentlichen Armenpflege fiel, wenn anders man an deren geschichtlich entwickeltem Begriff festhalten will. Wollen wir auf beiden Gebieten vorwärts kommen, so bedarf es der Umkehr von dem Wege, der Sozialpolitik, hygienische Fürsorge und Wohlfahrtspflege mit der Armenpflege vermengt.

Wenn die Mannheimer Entschließung vom 22. September 1905 in Absatz 1 sagt:

„Die öffentliche Armenpflege hat die Fürsorge für alle armenrechtlich hilfsbedürftigen Personen unter Berücksichtigung der gesundheitlichen und der Verarmung vorbeugenden Anforderungen sicherzustellen. Diese Fürsorge ist sowohl im Gesetz über den Unterstützungswohnsitz als auch im bayerischen Armenrecht begründet und tatsächlich durchführbar,"

so wird man dem Passus wegen der „der Verarmung vorbeugenden Anforderungen" nur in dem Sinne beipflichten können, daß im Falle des Eintritts der Hilfsbedürftigkeit die Armenpflege sich nicht auf diejenigen Gaben zu beschränken hat, die dem augenblicklich vorliegenden Bedürfnisse abhelfen, sondern daß sie auch darüber hinaus diejenigen Aufwendungen zu machen hat, die erforderlich erscheinen, um der Notwendigkeit lang andauernder Unterstützung vorzubeugen[1]. Soll aber — wie es fast den Anschein hat — die obige Fassung besagen, daß auch alle Leistungen, die zur Abwendung einer befürchteten künftigen Verarmung aufgewandt werden, in den Kreis der Pflichtaufgaben der öffentlichen Armenpflege fallen, so bin ich außerstande, mich dieser Auffassung anzuschließen.

II. Man wird nun einwenden: wenn auch nach der geschichtlichen Entwicklung des Begriffs der Armenpflege und nach der Wortfassung der zurzeit geltenden landesgesetzlichen Vorschriften eine Hineinbeziehung der vorbeugenden Fürsorge nicht gerechtfertigt erscheine, so müsse doch in Würdigung der Fortschritte sozialen Geistes eine künftige gesetzliche Neu-

[1] Vgl. Buehl, Schr. d. D. V. 73, S. 29.

regelung die Grenzen der Armenpflege weiter ziehen. Dagegen sind aber meines Erachtens sehr gewichtige Bedenken geltend zu machen.

### 1. Die erhöhte Kostenlast.

Wenn man die klare Grenzlinie aufgibt, nach der die vorbeugende Pflege außerhalb der Aufgaben der Armenpflege liegt, so ist es sehr schwer, eine anderweite Grenzlinie zu setzen. Man wird folgerichtig verlangen, daß dann alle Maßnahmen, die geeignet sind, der Armut vorzubeugen, einbegriffen werden. Das ist aber finanziell völlig unmöglich.

Die fortschreitende soziale Einsicht hat uns die eigentlichen Ursachen der Armut, ihre „Quellen" immer klarer und tiefer erkennen lassen. Das folgende Aufgestell gibt einen Überblick, aber nur in den gröbsten Zügen.

Armutsursachen:

A. Fehlendes oder unzureichendes Einkommen:
   1. Willensschwäche (Arbeitsscheu, Wandertrieb, Trunksucht);
   2. volle oder teilweise Arbeitsunfähigkeit (Schwächlichkeit, körperliche oder geistige Fehler, Wochenbett, Unentbehrlichkeit der Mutter im Haushalt, abstoßende Eigenschaften, sittliche Mängel);
   3. fehlende Arbeitsgelegenheit.

B. Zu hohe Ausgaben:
   1. Zahlreiche Familie (erhebliche Zahl unselbständiger Kinder, alte Eltern oder Schwiegereltern, kränkliche Geschwister usw.);
   2. Verschwendungs-, Vergnügungs- und Trunksucht;
   3. mangelhafte Führung des Haushalts.

Betrachten wir demgegenüber die Maßnahmen vorbeugender Pflege, wie sie sich bis heute entwickelt haben, so haben wir zu beginnen mit der großen Gruppe der Bestrebungen, die die jetzt heranwachsende Jugend davor bewahren wollen, der Armut zu verfallen. Die Jugendfürsorge unternimmt es, die Mängel zu beseitigen oder ihrem Entstehen vorzubeugen, die nach der Beobachtung an vielen Erwachsenen oftmals zu Quellen der Armut werden. Ein weitverzweigtes System von Maßnahmen kommt hier in Betracht.

Jugendfürsorge:

Fürsorge für Schwangere,
Mütter- und Säuglingsheime,
Säuglingspflege, Mütterberatung,
Krippen, Bewahranstalten, Kinderasyle,
Schulgesundheitspflege, insbesondere auch Zahnpflege,
Schulspeisung,
Gewährung von Erholungsaufenthalt auf dem Lande, an der See, in den Bergen,
Ferienkolonien,
Kinderhorte,

Fürsorge für Uneheliche, für Halte- und Kostkinder,
Fürsorge für nicht vollsinnige Kinder, Krüppel, Epileptiker,
Kinderkrankenhäuser,
Jugendgerichtshilfe,
Rettungshäuser,
Fürsorge für die schulentlassene Jugend,
Jugendheime,
Fortbildungsschulwesen, hauswirtschaftlicher Unterricht,
Berufsberatung,
Erwerbsbefähigung,
Zufluchtsheime für weibliche Obdachlose (gefallene Mädchen) usw.

Daneben stehen dann die auf die Erwachsenen oder auf ganze Familien sich beziehenden Maßnahmen vorbeugender Pflege, die hier dem obigen Aufgestell über die Armutsursachen entsprechend aufgeführt seien:

Maßnahmen vorbeugender Pflege:

A. 1. Wanderarbeitsstätten,
Arbeiterkolonien,
Trinkerfürsorge;
2. Fürsorge für Wöchnerinnen,
Hauspflege,
Fürsorge für Genesende, Genesungsheime,
Bekämpfung der Tuberkulose,
Erwerbsbefähigung nicht Vollsinniger,
Volks- und Krankenküchen,
Arbeitsstätten zur Beschäftigung armer (erwerbsbeschränkter) Männer und Frauen,
Wohnungspflege,
Förderung des Kleinwohnungsbaus;
3. Arbeitsnachweise,
Arbeitslosenfürsorge,
Arbeitslosenversicherung.

B. 1. wie oben A 2, ferner Kinderheime usw.;
2. und 3. erzieherische Maßnahmen,
Haushaltungsunterricht,
Koch- und Wirtschaftskurse,
Belehrung über häusliche Gesundheitspflege,
Förderung des Sparsinns,
Trinkerfürsorge.

Ein Blick auf die ungeheuer umfangreiche und dennoch keineswegs vollständige Liste tut dar, daß es finanziell ganz unmöglich sein würde, den Armenverbänden diese ganzen Aufgaben oder auch nur einen wesentlichen Teil als Pflichtleistungen gesetzlich aufbürden zu wollen. Heute schon ist die Last, die sie zu tragen haben, außerordentlich groß. Die geldlichen Aufwendungen würden aber noch ganz wesentlich erheblicher sich darstellen, wenn alle Armenverbände den Pflichtleistungen, wie sie der heutige Stand der Gesetzgebung und Rechtsprechung von ihnen erfordert, auch wirklich in vollem Umfange nachkämen. Welchen Mehraufwand bedeutet es allein, wenn nach den Erkenntnissen des Bundesamts für das Heimatwesen vom 19. Oktober 1901 und vom 17. November 1906[1] den Armenverbänden die Pflicht auferlegt wird, die Lungenkranken, bei denen dies als das einzige einen wesentlichen Heilerfolg versprechende und deshalb allein zweckmäßige Kurmittel erscheint, einer Lungenheilstätte zu längerem Kuraufenthalt zu überweisen! Entgegen Jakstein[2] muß es nach dem klaren Wortlaut der Entscheidung vom 17. November 1906 als deren — sachlich auch durchaus begründete — Willensmeinung angesehen werden, daß es Pflicht der Armenverbände ist, wenn der Fall so liegt, „den mittellosen Kranken die erforderliche Krankenpflege in dieser Form zu gewähren." Wenn auch der Kreis der Anwendungsfälle dadurch beschränkt wird, daß die Armenpflege immer erst hilfsweise einzutreten hat, wenn Krankenkassen, Landesversicherungsanstalt und andere Faktoren mit Grund abgelehnt haben, so verbleibt immerhin eine sehr starke finanzielle Belastung der Armenverbände, da jeder Fall einen Aufwand von Hunderten von Mark erfordert.

Buehl[3] erledigt das gegen die Erweiterung der Armenfürsorge erhobene Bedenken der zu starken finanziellen Belastung außerordentlich kurz. Er meint, „der Einwand habe gewissermaßen nur eine hypothetische Bedeutung, insofern als er mit einer befriedigenden Lösung der Deckungsfrage ohne weiteres hinfällig wird." Das ist sehr schön gesagt; nur bleibt die Hauptfrage offen, wie nämlich die Deckungsfrage befriedigend zu lösen wäre. Buehl weist ferner darauf hin, daß „die fragliche Erweiterung der Leistungen der Armenpflege vorwiegend prophylaktischen Charakter trage, also unter anderm gerade dazu bestimmt sei, den Armenverbänden durch rechtzeitige Aufwendung relativ kleiner Beträge für die Zukunft dauernde Belastung in sehr viel höherem Maße zu ersparen." Nun abgesehen davon, daß es sich z. B. bei der Tuberkulosebekämpfung, der Trinkerfürsorge, vielen Maßnahmen der Jugendfürsorge keineswegs um geringe Aufwendungen handelt, ist es mit dieser Vorbeugung ein eigen Ding. Nicht selten wird der Erfolg durch Umstände, die man nicht in Rechnung gezogen hat, vielleicht auch gar nicht in Rechnung ziehen konnte, vereitelt. Dann aber weiß jeder, der in der Stadtverwaltung steht, wie oft Vorlagen mit dem Hinweise darauf durchgesetzt werden, man werde mit der Neuerung Ausgaben ersparen, — und wie selten dann die erwarteten Ersparnisse nachher ziffernmäßig wirklich in die Erscheinung treten. Mit Recht hatte man — um ein anderes Beispiel zu wählen — erwartet, daß die Arbeiterversicherung die Armenlasten wesentlich erleichtern würde, — aber wie wenig ist davon zu spüren gewesen![4]

---

[1] Entsch. d. BA. **39**, 50.

[2] Schr. d. D. V. 75, S. 118, 119, 120.

[3] Schr. d. D. V. 73, S. 74, 75 u. 78.

[4] Vgl. Zahn in der Zeitschr. d. Kgl. Bayr. Statistischen Landesamts 1911, Heft 1. — Dabei sind seit dem Bestehen der Arbeiterversicherung, 1885 bis ein-

Wenn man nun aber auch zugeben wollte, daß durch die Aufwendungen vorbeugender Fürsorge später stets Ersparnisse erzielt werden, so treten diese doch fast ausnahmslos erst in späterer Zukunft ein, so daß für die Gegenwart und auf längere Zeit hinaus auf jeden Fall eine stärkere Belastung erwächst, indem zu den unverminderten laufenden Ausgaben noch die für die vorbeugende Fürsorge hinzutreten.

Das würde um so fühlbarer werden, als der Kreis der Pfleglinge sich wesentlich erweitern würde: durch die erheblichen Ausgaben für Krüppelfürsorge, Sommerpflege, Genesungsaufenthalt, Kur in einer Lungenheilstätte, einer Trinkerheilanstalt wird auch das Budget eines Haushalts aus dem Gleichgewicht gebracht, das sonst zur Bestreitung des regelmäßigen Unterhalts der Familie ausreichen würde. Wenn nun alle diese und viele andere Leistungen vorbeugender Fürsorge zu Pflichtaufgaben der öffentlichen Armenpflege gemacht würden, so würden weitere Kreise als bisher veranlaßt werden, die Hilfe der Armenpflege zu suchen.

Eine solche Erweiterung wäre sehr bedenklich: Der Armenaufwand spielt im Gemeindehaushalt schon an sich eine besondere und oft unbequeme Rolle, weil die Aufgaben dafür geleistet werden müssen, mag auch die Finanzlage noch so ungünstig sein und dazu zwingen, auf anderen Gebieten selbst Notwendiges aufzuschieben [1]. Das Mißverhältnis pflegt besonders groß zu sein in Zeiten rückläufiger Konjunktur, weil das Steigen der Armenlasten dann mit einer Minderung des Steueraufkommens zusammentrifft.

Es ist mir sehr erfreulich, daß auf der Mannheimer Tagung 1905 der Vertreter einer der reichsten Städte Deutschlands, Stadtrat Flesch aus Frankfurt a. M. [2], sich mit aller Entschiedenheit dahin ausgesprochen hat, daß die Einbeziehung der vorbeugenden Fürsorge in den Aufgabenkreis der öffentlichen Armenpflege finanziell undurchführbar sei. Flesch sagt: „Nach dem Unterstützungswohnsitzgesetz erkläre ich es aber für praktisch nicht durchführbar, die Armenfürsorge in dem Sinne zu nehmen, wie Herr Kollege Buehl es in seinem Referat gewünscht hat ... Buehl hat Anforderungen an die Armenpflege gestellt, die insofern richtig sind, als er lauter Dinge gefordert hat, von denen man wünschen könnte, daß sie jeder Bedürftige erlangen könnte. Erfüllen kann man sie vielleicht in Hamburg; aber schon wir in Frankfurt, mit Hamburg eine der reichsten Städte Deutschlands, würden es nicht können, — und ich bin beinahe sicher, daß er es in Hamburg auch nicht kann ... Wenn die Armenpflege in der Weise verallgemeinert würde, würde sie nicht nur begrifflich aufhören, Armenpflege im Sinne des UWG. zu sein; es würde auch nicht möglich sein, sie weiterzuführen."

---

schließlich 1909, für Entschädigungen aus der Arbeiterversicherung zusammen 7674,3 Mill. Mark ausgegeben worden (3994,4 für die Krankenversicherung, 1808,3 für die Unfallversicherung und 1871,6 für die Invalidenversicherung)! Monatsblätter f. Arbeiterversicherung, V. Jahrg. Nr. 5.

[1] Redder, in der Städte-Zeitung, 8. Jahrg., Heft 33.

[2] Schr. d. D. V. 75, S. 133—135.

Buehl[1] gibt zu, daß in kleinen, insbesondere in ländlichen Gemeinden, wo das Risiko auf sehr viel weniger Schultern verteilt wird, in der Tat ein einziger erhebliche Kosten verursachender Unterstützungsfall die Gemeinde wirtschaftlich in schwere Bedrängnis bringen könne; er meint aber, daß der Zusammenschluß zu Gesamtarmenverbänden, vielleicht im Wege einer künftigen Reform zu noch größeren und leistungsfähigeren Verbänden, hier Abhilfe schaffen würde. Meines Erachtens kommt man mit einer so allgemeinen Wendung um die vorliegende Schwierigkeit nicht herum: wie sollten auch selbst größere Verbände hinsichtlich der vorbeugenden Fürsorge als leistungsfähig erscheinen, wenn sogar Frankfurt a. M. erklärt außerstande zu sein, die daraus erwachsenden Aufwendungen zu tragen!

## 2. Die mit der Armenunterstützung für den Empfänger verbundene Rechtsminderung.

Wollte man die soziale Fürsorge der Gemeinden, ihre Maßnahmen vorbeugender Pflege in den Kreis der Pflichtleistungen der öffentlichen Armenpflege einbeziehen, so würden die Empfänger der Zuwendungen die Rechtsminderung (Beeinträchtigung der Freizügigkeit, Ausschluß vom Wahlrecht) erleiden, die nach dem geltenden Rechte für die im Wege der Armenpflege Unterstützten eintreten. Das wäre eine höchst unerwünschte Folge. Der Zug der Zeit geht in gerade entgegengesetzter Richtung: Das Reichsgesetz vom 15. März 1909 hat hinsichtlich des Wahlrechts nach Reichsgesetzen die Rechtsminderung durch Ausnahme vieler Gruppen von Unterstützungsfällen wesentlich beschränkt, mehrere Bundesstaaten, so Sachsen[2] und Württemberg[3], sind bald gefolgt, auch in Preußen drängt alles dahin, für das Landes- und Gemeindewahlrecht gleiche Bestimmungen zu erlangen, ja darüber hinaus die Rechtsminderung auf die wirtschaftlich Unselbständigen zu beschränken[4], — in vielen Gemeinden werden mancherlei Aufwendungen, insbesondere solche für Heilpflege, die ohne Zweifel als Armenaufwand sich darstellen — allerdings dem geltenden Rechte[5] widersprechend — dem Unterstützten als Armengabe nicht in Rechnung gestellt[6], um ihm die gerade in heutigen politisch stark bewegten Zeiten höchst unerwünschte Rechtsminderung zu ersparen. Im Gegensatz zu dieser starken und völlig berechtigten Zeitströmung neue große Gebiete gemeindlicher Fürsorge der Armenpflege zuzuschlagen und diejenigen, die diese Fürsorge genießen, jener Rechtsminderung zuzuführen, erscheint um so weniger angängig, als, wie oben ausgeführt, oftmals Empfänger in Frage kommen, die nur angesichts der im Einzelfalle erforderlichen hohen Aufwendungen dazu veranlaßt werden, die öffentliche Hilfe zu suchen, und

---

[1] Schr. d. D. V. 73, S. 75.
[2] Gesetz vom 21. März 1910.
[3] Gesetz vom 23. Juli 1910.
[4] Münsterberg, Deutsche Juristenzeitung, 15. Februar 1911.
[5] Entsch. d. Preuß. O.V.G. 37, 17.
[6] Buehl, Schr. d. D. V. 73, S. 81.

oft einer sozial höheren Schicht angehören werden als die regelmäßigen Pfleglinge der Armenverwaltungen.

Gegenüber den Kreisen aber, die allzuleicht geneigt sind, sich auf die Hilfe der Öffentlichkeit zu verlassen, und die ihren Unterhalt ganz oder zum wesentlichen Teil aus dem allgemeinen Säckel zu beziehen streben, ist die drohende Rechtsminderung als hemmendes Moment durchaus am Platze. Sie hier zu beseitigen wäre armenpolitisch bedenklich. Ganz anders indes liegt es da, wo recht eigentlich das Wirkungsfeld der vorbeugenden Fürsorge ist. Ein Beispiel: In der Familie eines kleinen Handwerksmeisters, der bisher sich und die Seinen immer redlich, wenn auch kärglich ernährt hat, wird eine nahezu erwachsene Tochter von der Tuberkulose befallen. Die unbedingt notwendige langfristige Heilstättenkur zu bestreiten geht über die Finanzkraft des Vaters. Hier würde die drohende Rechtsminderung, ja schon die befürchtete Minderung des gesellschaftlichen Ansehens sehr leicht den Erfolg haben, von der Anrufung der öffentlichen Hilfe abzuschrecken, während die Allgemeinheit umgekehrt das lebhafte Interesse hat, die Tuberkulosefälle möglichst alle planmäßig und frühzeitig aufzusuchen und je nach Lage der Umstände die geeigneten Maßnahmen zu treffen, um die Volksseuche zu mindern. Ähnlich liegt es bei der Trinkerfürsorge und auf vielen anderen Gebieten vorbeugender Pflege.

Selbst Buehl[1] erkennt an, daß diese Gesichtspunkte und weitere aus der Armenpolitik hergeleitete Bedenken „mit einem gewissen Rechte gegen die Erweiterung der Aufgaben der öffentlichen Armenpflege im Sinne seines Berichtes geltend gemacht werden können.“

## 3. Die Verquickung bringt der Armenpflege die Gefahr der Zersplitterung und hindert die soziale Fürsorge an ihrer gesunden Entwicklung.

So zutreffend der Satz ist, daß „die obligatorische öffentliche Armenpflege, wie sie sich geschichtlich entwickelt (und in den zurzeit geltenden Gesetzen ihren Niederschlag gefunden) hat, der rechtliche Ausdruck der sozialen Auffassung der Armenversorgung ist[2],“ so falsch wäre es, schlechthin die grundlegenden Unterschiede zwischen Armenpflege und sozialer Fürsorge zu verwischen. Es ist das Verdienst von Flesch[3], diese Unterschiede klar herausgestellt zu haben. „Armenpflege und Sozialpolitik sind den Arbeitsgebieten, den Arbeitsmethoden und dem Ziele nach verschieden; sie berühren sich aber insofern, als sozialpolitische Fortschritte auf wirtschaftlichem Gebiete die Beschaffung von mehr als den unentbehrlichen Unterhalt für die beteiligten Volkskreise bezwecken, so daß innerhalb ihres Bereichs die Armenpflege nur noch für ausnahmsweise Verhältnisse (Unglücksfälle, verschuldete Armut) notwendig sein wird.

[1] Schr. d. D. V. 73, S. 82.
[2] Buehl, Schr. d. D. V. 73, S. 10.
[3] Schr. d. D. V. 54, S. 28.

„Die Notwendigkeit der Armenpflege tritt ein, wenn der Unterstützte weder aus seinem Privateigentum, noch aus seiner Arbeit, noch durch seine Familie die Existenzmittel erhalten kann. Aufgabe der Armenpflege ist, die Unterstützung den Ursachen und dem Umfang der Not, aber auch den besonderen Verhältnissen der Verarmten anzupassen.

„Im Gegensatz hierzu will die Sozialpolitik die durch die Besitzunterschiede hervorgerufenen Klassengegensätze durch solche generelle Maßnahmen tunlichst ausgleichen, welche auf die bessere Befriedigung der materiellen, kulturellen und öffentlich-rechtlichen Anforderungen der unbemittelten Klassen hinzielen. Die Wirkungskreise beider Aufgabengebiete schneiden sich also dann, wenn durch sozialpolitische Maßnahmen einzelnen Bedürfnissen der unteren Klassen Genüge geleistet werden soll, zu deren Befriedigung Privateigentum, Arbeitsgewinn oder Familienhilfe nicht nur im einzelnen Fall, sondern regelmäßig oder vielfach nicht ausreichen."

Es bleibt dabei, daß die öffentliche Armenpflege in subsidiärer Fürsorge für den einzelnen Hilfsbedürftigen den Notbedarf zu beschaffen hat, und sicherlich ist der hierin sich ausdrückende Gedanke, daß die Gesellschaft für die Wirkungen der von ihr gebilligten Wirtschaftsordnung dem einzelnen Notleidenden im Sinne einer Nothilfe verantwortlich sei, ein sozialer. Aber es offenbart sich in ihm soziales Empfinden, Denken und Handeln doch noch in sehr primitiver Form. Seither hat der Strom sozialen Geistes, ständig schwellend, sich immer breiter und tiefer ergossen und hat seine eigenen Wege sich gebahnt. Man hat erkannt, daß es nicht wohlgetan ist, an Symptomen zu kurieren, sondern daß man den Grundursachen des Übels nachspüren, sie immer tiefer erkennen und alsdann beseitigen lernen müsse.

Durch die seit der Begründung des Reiches sich so gewaltig vollziehende Industrialisierung Deutschlands wurde eine Gleichheit des Loses für breite Schichten der Bevölkerung geschaffen. Zu den natürlichen Armutsursachen, die nun übrigens für große Gruppen der Arbeiterschaft gemeinsam wurden, z. B. gesundheitliche Schädigungen, Wohnungselend, trat die „soziale Arbeitsunfähigkeit" [1]. Sie umfaßt die Nahrungslosigkeit, d. h. die Fälle, wo der Arbeiter gern arbeiten will, auch physisch recht wohl arbeiten könnte, aber „keine Arbeit", d. h. keine lohnende Arbeitsgelegenheit finden kann.

Mit der immer stärkeren Anhäufung von Arbeiterschaften in den Industriegemeinden, insbesondere in den Großstädten, mit dem Wachsen des Gegensatzes zwischen Arbeitgeber und Arbeitnehmer sind diese Gruppen von Bedürftigkeitsfällen immer zahlreicher und wichtiger geworden. In Zeiten von Krisen auf dem Wirtschaftsmarkt stellen sie den Gemeinden oft die allerschwersten Aufgaben. Hier genügte nicht mehr die Hilfe den einzelnen Notleidenden gegenüber, sondern es mußte dringend erstrebt werden, kollektiv durch allgemeine Maßnahmen diesen Nöten entgegen-

[1] Roscher, System der Armenpflege und Armenpolitik, 3. Aufl., S. 19.

zuwirken, wenn nicht die Gesamtheit schweren Schaden leiden, ja das Staatswesen erheblichen Erschütterungen ausgesetzt werden sollte.

Flesch [1] hat das Gleichnis gebracht, die Armenpflege verhalte sich zur Sozialpolitik wie die Medizin zur Hygiene. „Die Armut ist die Krankheit, welche durch die Armenpflege im einzelnen Falle beseitigt, aber nur durch die Sozialpolitik im ganzen zurückgedrängt werden kann." Dieses Gleichnis ist durchaus verwendbar; es wird angezeigt sein, die Folgerungen aus dem Vergleich noch weiter herauszuholen als Flesch es getan hat. Die Hygiene soll dem Entstehen der Krankheiten nach Möglichkeit vorbeugen; ist aber trotzdem ein Mensch von einer Krankheit befallen worden, so hat selbstverständlich der Arzt bei der Behandlung dieses Einzelfalles die Lehren der Hygiene zu befolgen. So soll auch die Armenpflege im Falle eingetretener Hilfsbedürftigkeit nicht nur der Augenblicksnot abhelfen, sondern gleichzeitig diejenigen vorbeugenden Leistungen gewähren, die die Notwendigkeit weiterer langdauernder Unterstützung auszuschließen geeignet sind [2]. Ganz falsch aber wäre es, Medizin und Hygiene zum wesentlichen Teile miteinander zu verquicken; die außerordentlichen Fortschritte auf dem Gebiete des Gesundheitswesens sind vielmehr erst erzielt worden, seitdem die Hygiene, aus der Medizin sich loslösend, ein eigenes großes Wissens- und Arbeitsfeld geworden ist. Das muß auch auf die vorbeugende Fürsorge angewandt werden. Wie die Menschheit der Medizin dankbar ist, daß sie uns die Hygiene geboren hat, so wollen wir auch der Armenpflege lebhaften Dank wissen, weil sie die Anregung zu so zahlreichen Maßnahmen vorbeugender Fürsorge gegeben hat [3]. Größeren Dank aber noch werden wir ihr zollen müssen, wenn sie der Erkenntnis sich nicht verschließt, daß es nach dem Schriftwort auf die Dauer „nicht gut ist, neuen Most in alte Schläuche zu füllen" und wenn sie aus dieser Erkenntnis heraus die neuen Fürsorgebestrebungen zur eigenen Entwicklung freigibt. Vollkommen zutreffend sagt meines Erachtens Flesch [4]: „Die öffentliche Armenpflege ist nur der Untergrund, von dem alle diese Bestrebungen der modernen Sozialpolitik ihren Ausgang nehmen, der Punkt, den sie aber so schnell wie möglich verlassen müssen, wenn sie nicht geradezu ausarten sollen." Und selbst Buehl, nach dem doch „die Tendenz einer Erweiterung der an die öffentliche Armenpflege zu stellenden Anforderungen in der bestehenden Gesetzgebung ihre Rechtfertigung findet" [5], meint de lege ferenda [6]: es scheine geboten, den Aufgabenkreis der Armenpflege fester und auch enger zu umgrenzen, wenn nicht unter dem Einflusse jener Tendenz die Wirksamkeit der Armenverwaltungen eine zu vielseitige, die Einheitlichkeit der Aktion gefährdende und zur Zersplitterung der Kräfte führende werden solle.

---

[1] Schr. d. D. V. 54, S. 5.

[2] Vgl. Buehl, Schr. d. D. V. 73, S. 29.

[3] Vgl. dazu Ruland, Schr. d. D. V. 75, S. 127.

[4] Schr. d. D. V. 75, S. 136.

[5] Schr. d. D. V. 73, S. 100.

[6] Daselbst S. 91.

In der Tat sollte man die Gefahr der Zersplitterung der Kräfte der Armenpflege nicht gering schätzen: der Strom, der sich in ein allzu breites Bett ergießt, wird verflachen und versanden. Auch daran ist zu denken, daß die Überlast der Aufgaben manchen Armenverband einfach erdrücken würde.

Nicht minder ist andrerseits die reinliche Scheidung der Gebiete im Interesse der sozialen Fürsorge geboten. Werden die vorbeugenden Maßnahmen in das enge Gewand der Armenpflege gezwängt, so ist ihre freie Entwicklung behindert. Buehl[1] glaubt verneinen zu müssen, daß die sozialen Wohlfahrtsbestrebungen leiden durch ihre Ausübung im Rahmen der Armenpflege. Er meint, „daß beide Fürsorgezweige unter den Begriff der Armenpflege fallen und doch eine unter Umständen durchaus verschiedenartige Behandlung verlangen, leuchtet eben dem Durchschnittspfleger nicht ohne weiteres ein und wird in seiner Bedeutung wohl auch immer nur von einer Minderheit ganz erfaßt werden", und will Rat schaffen dadurch, daß die Pflegeorgane auf eine höhere Stufe der Einsicht hinaufgehoben werden; anstelle des Systems ehrenamtlicher Pflege solle ein gemischtes System mit stärkerer Berücksichtigung des berufsamtlichen Elements treten.

Ich darf mich — wie ich gestehe — nicht zu der erwähnten Minderheit rechnen, denn daß zwei Fürsorgezweige, die nach ihren Arbeitsgebieten, ihrer Methode, ihrem Ziele, wie auch zum erheblichen Teile ihren Objekten nach weit verschieden voneinander sind, trotzdem in einer begrifflichen Einheit aufgehen sollen, mit anderen Worten, wenn a von b dermaßen unterschieden ist, daß dann doch b dem Begriffe a unterfallen soll, will mir nicht in den Kopf[2].

Viel richtiger als hier künstlich eine Einheit suchen zu wollen, scheint es mir, auf eben die grundlegenden Unterschiede hinzuweisen, die einer Einzwängung der vorbeugenden Fürsorge in den Rahmen der Armenpflege widerstreiten. Nur auf diese Weise werden wir der Entwicklung der sozialen Wohlfahrtspflege wirklich dienen.

Während die Armenpflege mit vollem Recht den Charakter ihrer Subsidiarität betont und in die letzte Reihe der Hilfsfaktoren tritt, ihre Hilfe auch nur auf ausdrückliches Ansuchen des Bedürftigen leiht, muß die vorbeugende Fürsorge völlig anders verfahren. Ihr muß daran liegen, möglichst rechtzeitig einzugreifen, sie hat deshalb das verständliche Bestreben, möglichst die Frühfälle zu ermitteln und zu behandeln, bei denen die Aussicht auf Erfolg die günstigste ist. Die Hilfe muß, da sie nicht sowohl in Rücksicht auf den einzelnen, als vielmehr vorwiegend im Interesse der Gesamtheit erfolgt, oft geradezu angetragen werden; man denke an die Fürsorge für Tuberkulöse, für Trinker.

[1] Schr. d. D. V. 73, S. 78.

[2] De lege ferenda tritt übrigens auch Buehl (Schr. d. D. V. 73, S. 91) für die Trennung ein: „Es muß vor allem gefordert werden, daß Aufgaben auf dem Gebiete der sozialen Wohlfahrtspflege, die an sich auch außerhalb der Armenpflege erfüllt werden können, aus dieser ausgeschieden werden."

Aus gewichtigen Gründen beschränkt die Armenpflege ihre Zuwendungen auf ein möglichst geringes Maß; bei der vorbeugenden Fürsorge tritt der Gesichtspunkt ausgiebiger Hilfe in den Vordergrund: nur durch gründlichstes Auskurieren der Wunden erreicht sie ihr Ziel und muß deshalb die Gaben oft sehr reichlich bemessen, insbesondere da, wo das Elend aus mehreren Quellen fließt oder zu fließen droht, sie alle zu verstopfen suchen, denn eine halbe Arbeit wäre wertlos. Sie wird ferner auch solchen Kreisen sich zuwenden müssen, die als hilfsbedürftig im armenrechtlichen Sinne nicht angesehen werden können, weil ohne sie hier oftmals Fälle nicht zur Behandlung kommen würden, deren Behandlung im öffentlichen Interesse liegt. Gerade in unseren Tagen steht die Frage der Tuberkuloseversorgung des Mittelstandes auf der Tagesordnung [1].

Wenn man es unternimmt, alle die vielen Maßnahmen vorbeugender Pflege oder doch einen wesentlichen Teil im Rahmen der Armenpflege zu üben, so wird bei Außenstehenden sehr leicht der Eindruck erweckt werden, daß damit bestens für alle diese Gebiete gesorgt sei. Man wird deshalb kaum ein Bedürfnis erkennen, eine anderweite Verwaltungstätigkeit auf diesen Gebieten zu entwickeln, ja es wird unter Umständen der Erlaß von Gesetzen verhindert werden, deren Notwendigkeit außerhalb der Armengesetzgebung den Sachkundigen offensichtlich erscheint. Endlich ist auch der Schluß nicht von der Hand zu weisen, daß eine Einbeziehung sozialer Fürsorge in den Kreis der Armenpflege die Privatwohltätigkeit erlahmen lassen würde. Es soll hiermit keineswegs ausgesprochen sein, daß diese eine höhere Fürsorgeform [2] darstelle, wohl aber teile ich die Ansicht, die in der Praxis mehr und mehr die Herrschaft zu gewinnen scheint, daß für eine gedeihliche Gestaltung des Armen- und Fürsorgewesens ein Zusammenwirken zwischen der öffentlichen Armenpflege und der Privatwohltätigkeit wünschenswert ist, daß letztere eine fast notwendige Ergänzung der ersteren ist und ihre Heranziehung auch in Rücksicht auf die finanzielle Entlastung des Gemeindesäckels dankenswert erscheint.

Die Notwendigkeit der Trennung des einzelnen Fürsorgegebietes von der Armenpflege ist um so stärker, je weiter die bei der Durchführung der Fürsorgearbeit zu beobachtenden Ziele und Methoden von den Aufgaben und der Arbeitsweise der Armenpflege abweichen. Das gilt ganz besonders von der Jugendfürsorge. Wer immer in der Praxis steht, der weiß, wie oft hier die erzieherischen Gesichtspunkte den armenpflegerischen unmittelbar zuwiderlaufen. Die Stimmen derer, die hier eine Trennung von der Armenpflege für dringend geboten halten, mehren sich zusehends. Auch Buehl [3] betont in seinen „Reformgedanken": „Vor allem aber werden Aufwendungen zu Erziehungszwecken jeder Art aus der Armen-

---

[1] Deutsches Zentralkomitee zur Bekämpfung der Tuberkulose, Generalversammlung Berlin, 14. Juni 1912.

[2] Vgl. Buehl, Schr. d. D. V. 73, S. 83.

[3] Schr. d. D. V. 73, S. 92—93.

pflege auszuscheiden und die hierfür erforderlichen Mittel in anderer Weise seitens der öffentlichen Körperschaften bereitzustellen sein."

III. Liegt es auch neben dem Thema, so erscheint es doch zur Vermeidung jeden Mißverständnisses wichtig, hier eine kurze Betrachtung einzufügen über die einschlägigen sozialen Aufgaben der Gemeinden. Wenn oben der Gedanke bekämpft wurde, den Gemeinden die vorbeugende Fürsorge durch ihre Einreihung unter die Pflichten der öffentlichen Armenpflege zwangsweise zu übertragen, so habe ich nicht etwa diese Fürsorge aus dem Aufgabenkreise der Gemeinden völlig verweisen wollen. Ganz im Gegenteil! Die gemeindliche Sozialpolitik gehört zu den allerwichtigsten Aufgaben der Selbstverwaltung und bedarf dringend eines umfassenden weiteren Ausbaus. Wie der Staat für seinen Bereich, so hat für ihr engeres Gebiet auch die Gemeinde die Pflicht, das Wohl ihrer minderbemittelten Angehörigen zu schützen und zu fördern. Lange hat es gedauert, bis man in Deutschland erkannte, wie notwendig die kommunale Sozialpolitik ist. Erst um die Jahrhundertwende hat sich die Erkenntnis kräftig durchgerungen; jetzt aber gibt sich unverkennbar von Jahr zu Jahr lebhafter das Bestreben der Gemeinden kund, ihre sozialen Aufgaben zu erfüllen. Jeder Blick in die kommunalen Fachzeitschriften beweist es.

Die gemeindliche Sozialpolitik ist in der Tat die notwendige Ergänzung der sozialpolitischen Bestrebungen von Reich und Staat, ganz besonders auf den der Armenpflege benachbarten Gebieten. Gewiß ist — wie wir oben sahen — die Wirkung der sozialpolitischen Schöpfungen des Reiches im Sinne der Beseitigung von allerlei Not, aus der Armut sonst hätte entstehen können, ja entstehen müssen, sehr hoch einzuschätzen, — doch ist ihr Wirkungsfeld zu weit, ihre Arbeit zu starr und unpersönlich, sind ihre Leitgedanken zu allgemein, ihr ganzer Apparat zu schwerfällig, um mit der Armenpflege auf deren ureigenem Gebiete der individuellen Erfassung des einzelnen Falles in Wettbewerb treten zu können. Auf vielen Gebieten ist aber eine wirksame soziale Fürsorge nur möglich, wenn den besonderen Umständen des einzelnen Falles, den örtlichen und persönlichen Besonderheiten Rechnung getragen wird. Hier kann naturgemäß die soziale Fürsorge nur von engeren Verbänden mit Erfolg geübt werden. Dies gilt insbesondere von den Fürsorgezweigen, durch deren Arbeit das Eintreten der Armenpflege verhindert werden soll; man denke an die Jugendfürsorge, die Fürsorge für Tuberkulöse, für Trinker. Eine sogenannte „vorbeugende Armenpflege" ist regelmäßig nur dann ausführbar, wenn nach genauer Erfassung der besonderen Umstände des Falles die gerade für seine Behandlung angezeigten Hilfsmaßnahmen sorgfältig ausgewählt und ins Werk gesetzt werden und gleichzeitig eine erziehliche Einwirkung auf den Pflegling, oft auch seine Angehörigen ausgeübt wird. Die gewährte Hilfe muß eine „Hilfe zur Selbsthilfe" (Felisch) sein [1]. Die Frage, ob der der Fürsorge Bedürftige

[1] Daß die sozialpolitischen Schöpfungen des Reiches in diesem Sinne gewirkt hätten, wird man im allgemeinen kaum behaupten können.

seine Lage verschuldet hat oder ob er schuldlos hineingeraten ist, wird hier eine sehr untergeordnete Rolle spielen; wesentlich dagegen wird die Unterscheidung sein, ob der Zustand, bei dem geholfen werden soll, heilbar oder unheilbar erscheint.

Daß die Gemeinden — was die organisatorische Seite angeht — an sich in der Lage sind, in ihrem engeren Bezirke soziale Fürsorge in dem angedeuteten Sinne zu betreiben, wird nicht bezweifelt werden. Sie werden um so eher dazu in der Lage sein, je engere Zusammenarbeit mit den Organen der privaten Wohltätigkeit sie herzustellen verstehen.

Oberster Grundsatz sollte es deshalb sein, den Gemeinden die vorbeugende Pflege zur freiwilligen Ausübung zu überlassen. Der Selbstverwaltung bester Teil ist die Befugnis zu freier Betätigung der Kräft zum Wohle der Bürgerschaft, und die deutschen Städte haben diese Befugnis stets als ernste Pflicht aufgefaßt. Während durch Einbeziehung der vorbeugenden Fürsorge in den Pflichtenkreis der Armenpflege den Gemeinden unbegrenzte Verantwortlichkeiten aufgebürdet werden würden, die sie einfach nicht tragen können, werden bei Belassung der Freiwilligkeit die Verwaltungen nach sorgsamer Prüfung der örtlichen Bedürfnisse und gewissenhafter Abwägung der Finanzkraft ihrer Gemeinwesen diejenigen Fürsorgemaßnahmen durchführen, die für ihren Bereich in erster Linie wichtig erscheinen und deren Kosten mit ihrer Leistungsfähigkeit in Einklang zu bringen sind. So wird sich das Netz der Fürsorge schrittweise immer mehr und mehr ausgestalten. Die finanzielle Seite ist naturgemäß von einschneidender Wichtigkeit und darf bei dem starken Wettbewerb der Städte untereinander und der sich daraus ergebenden Notwendigkeit einer vorsichtigen Steuerpolitik nicht unterschätzt werden. Gewiß wird oftmals der Einwand erhoben werden, daß der gegenwärtigen Generation, die finanziell unter den sozialen Unterlassungssünden der früheren zu leiden hat, nicht zugemutet werden dürfe, nun außerdem noch erhebliche Aufwendungen zu bestreiten, um den zukünftigen Geschlechtern Lasten abzunehmen. Aber dieser Einwand wird nicht durchschlagen; die Verwaltungen werden vielmehr immer klarer erkennen, ein wie großes eigenes Interesse die Gemeinden daran haben, durch soziale Fürsorge die Quellen der Armut mehr und mehr zu verstopfen, und werden nicht zögern mit ihrer Ausübung zu beginnen. Man stelle sich beispielsweise einmal vor, welche Entlastung des Gemeindesäckels eine 20 Jahre lang fortgesetzte systematische Tuberkulosefürsorge im Gefolge haben würde!

Also Freiwilligkeit der Leistung beherrsche als oberster Grundsatz das Gebiet der vorbeugenden Fürsorge. Doch dieser Grundsatz muß Ausnahmen leiden. Es gibt Fürsorgezweige, auf deren Feld die Betätigung nicht in das Ermessen der Gemeinden gestellt werden kann, bei denen vielmehr ein gewichtiges öffentliches Interesse fordert, daß die Fürsorge in jedem Falle sichergestellt werde. Hierher gehört in erster Linie die Fürsorge für die Jugend als die lebendige Zukunft des Staates. Auf diesem Gebiete, auf dem es so gewaltig gärt, ist eine gesetzliche Regelung dringend geboten. Es ist kein Zufall, daß in mancher Großstadt bereits besondere Jugendfürsorgeämter errichtet worden sind und daß in ihrer Praxis sich mehr und mehr die Tendenz geltend macht, sie den Organen der Armenpflege gegenüber immer selbständiger zu gestalten, ja sie völlig von der Armenpflege loszulösen [1]. Es war unserer Zeit vorbehalten, den Gedanken klar herauszustellen, daß die Gesamtheit verantwortlich ist für das Wohl der Kinder, hinsichtlich deren Erziehung das Elternhaus aus irgendwelchen Gründen versagt. Die Gesichtspunkte, die diese Fürsorge beherrschen, weichen von den armenpflegerischen sehr erheblich ab, ja stehen mit ihnen oft in Widerspruch [2]. Man wird die Jugendfürsorge um so weniger durch die Organe der Armenpflege ausüben lassen dürfen, als deren Träger vielfach nicht leistungskräftig genug sind, um eine gedeihliche Jugendfürsorge zu betreiben. Hier bedarf es dringend einer verständnisvollen Gesetzgebung, die die Jugendfürsorge vollkommen von der Armenpflege trennt und sie zur eigenen Wahrnehmung leistungsfähigen Verbänden auferlegt. Einen ersten Schritt in dieser Richtung bedeutete das preußische Gesetz über die Fürsorgeerziehung Minderjähriger vom 2. Juli 1900. Ein weiterer folgte in dem preußischen Gesetz, betreffend die Beschulung blinder und taubstummer Kinder, vom 7. August 1911 (G.S. S. 168). Bisher fehlte mit Ausnahme von Schleswig-Holstein eine geordnete Fürsorge für diese nicht vollsinnigen Kinder, obwohl es bei der ausgezeichneten Durchbildung der Unterrichtsmethoden heutzutage gelingt, blinde und taubstumme Kinder geistig dergestalt zu entwickeln, daß sie nahezu zu der gleichen Selbständigkeit wie Vollsinnige geführt und zum erfolgreichen Betriebe verschiedener Gewerbs- und Kunstzweige herangebildet werden können (Mot. S. 50). Jetzt ist diese Ausbildung gewährleistet. Abgesehen von den Kosten der Überführung, ersten Ausstattung, Rückreise und etwaigen Beerdigung des Pfleglings, die der Ortsarmenverband zu tragen hat, fallen alle übrigen Kosten, also insbesondere die des Unterhalts, des Unterrichts und der Erziehung dem Kommunalverbande (der Provinz) zur Last. Dieser kann Regreß nehmen, auch gegen den Ortsarmenverband, hat aber die allgemeinen Verwaltungskosten, sowie die Kosten für den Unterricht und die Erziehung endgültig zu tragen. Es ist dringend zu wünschen, daß diesem wichtigen Gesetze über ein Sondergebiet bald eine umfassende gesetzliche Regelung des gesamten Gebietes der Jugendfürsorge folge.

IV. Will eine künftige einheitliche Gesetzgebung die Aufgaben der öffentlichen Armenpflege auf die Gewährung des Notbedarfs beschränken, so wird sie zweckmäßig der Fassung folgen, wie sie das bestehende preußische Gesetz und mit ihm übereinstimmend die Gesetze der meisten anderen Bundesstaaten gewählt haben. Sie hat sich in der Praxis durchaus bewährt; „mit wenig Worten sagt sie sehr viel [3].“ Zwar hat man gelegentlich gesagt, sie sei „kautschukartig“ [4], und dieses Wort hat

---

[1] Vgl. Schmidt, Schr. d. D. V. 92, S. 169 f.

[2] Vgl. Klumker, „Armenpflege und Kinderfürsorge“, Zeitschr. f. d. Armenwesen. Mai 1912.

[3] Jakstein, Schr. d. D. V. 75, S. 116.

[4] Buehl, Schr. d. D. V. 73, S. 93.

immer einen wenig angenehmen Beigeschmack. Meines Erachtens ist es aber gerade ein besonderes Verdienst des Gesetzgebers, daß er weise eine Fassung wählte, die angesichts der ungeheuren Vielseitigkeit der möglichen Fälle und im Hinblick auf die Fortentwicklung der Kultur der Anwendung die unbedingt nötige Freiheit ließ. Praxis est multiplex. Es wird nie gelingen, eine so schwierige Materie, bei der die individuellen Verschiedenheiten eine so besonders bedeutsame Rolle spielen, in kasuistischer Weise zu fassen. Nichts wäre daher verkehrter als hier ein ius certum schaffen zu wollen. Es ist ohne weiteres ersichtlich, daß, je verwickelter unsere Lebensverhältnisse werden, je mehr der Volkswohlstand im allgemeinen steigt, je weiter die Kultur vorschreitet und mit ihr die Heilwissenschaft und die Technik[1], um so mehr auch sich die Ansprüche hinsichtlich des Lebensnotwendigen steigern werden. Auf der anderen Seite werden auch bei einer einheitlichen Regelung des Stoffes für das ganze Reichsgebiet, so zweifellos die Forderung nach einer gleichmäßigen Anwendung berechtigt ist, doch gewisse örtliche Verschiedenheiten nicht ganz aus der Welt zu schaffen sein. Zwischen der Art der Armenpflege eines unserer kleinsten Dörfer und etwa der reichen Stadt Charlottenburg wird eben stets ein nicht unerheblicher Unterschied bestehen bleiben, wie das in gewissem Sinne auch vom Bundesamt für das Heimatwesen z. B. in der Entscheidung **11**, 122 anerkannt worden ist.

Unser Bürgerliches Gesetzbuch, dessen Bestreben, die ungeheure Fülle der Möglichkeiten, wenn auch in der Form abstrakter Rechtssätze zu fassen, sattsam bekannt ist, kennt die Begriffe des „standesmäßigen" und des „notdürftigen Unterhalts" (§ 1611). Hinsichtlich des ersteren beschränkt es sich auf die allgemeine Erläuterung in § 1610: „Das Maß des zu gewährenden Unterhalts bestimmt sich nach der Lebensstellung des Bedürftigen. Der Unterhalt umfaßt den gesamten Lebensbedarf, bei einer der Erziehung bedürftigen Person auch die Kosten der Erziehung und der Vorbildung zu einem Berufe." Was den notdürftigen Unterhalt angeht, so erfahren wir aus den Motiven (IV, S. 698), daß „eine Definition nicht als angemessen erachtet worden ist. Was dazu gehört, ist im einzelnen Falle nach den konkreten Umständen zu beurteilen." Dieser Standpunkt erscheint durchaus billigenswert.

Wenn ein künftiges Reichsgesetz die Aufgaben der öffentlichen Armenpflege in Übereinstimmung mit der derzeitigen preußischen Gesetzesvorschrift regeln würde, so würde das auch die erwünschte Folge haben, daß die ausgezeichnete und für die Praxis so wertvolle Judikatur des Bundesamts ihre unmittelbare Geltung und Verwendbarkeit behalten würde. Buehl hat im dritten Abschnitt seines Vorberichtes[2] die Rechtsprechung des Bundesamts für das Heimatwesen so ausgiebig und zutreffend gewürdigt, daß eine Wiederholung der Kritik an dieser Stelle sich erübrigt.

[1] Auch die Arbeiterversicherung hat auf die Hebung der gesamten Lebenshaltung der unteren Bevölkerungsschichten einen gewaltigen Einfluß geübt.

[2] Schr. d. D. V. 73, S. 22—37.

Das Ergebnis der vorstehenden Ausführungen läßt sich in folgende — übrigens nicht etwa zur Abstimmung unterbreiteten — Sätze zusammenfassen:

1. Eine übereinstimmende Regelung der Aufgaben der öffentlichen Armenpflege für ganz Deutschland ist dringend erforderlich.
2. Es ist Regelung durch ein Reichsgesetz zu erstreben.
3. Unter Ausschaltung der Aufgaben der „vorbeugenden Armenpflege" sind die Aufgaben der öffentlichen Armenpflege dem bestehenden preußischen Rechte entsprechend zu begrenzen (Gewährung von Obdach, unentbehrlichem Lebensunterhalt, erforderlicher Pflege in Krankheitsfällen, angemessener Bestattung). Eine kasuistische Fassung ist abzulehnen.
4. Die vorbeugende Pflege ist grundsätzlich der freiwilligen Tätigkeit der Gemeinden zu überlassen; eine planmäßige Zusammenarbeit mit der Privatwohltätigkeit ist zu empfehlen.
5. Nur auf den Gebieten, an deren gleichmäßiger Bearbeitung ein wesentliches Staatsinteresse besteht, ist eine gesetzliche Regelung anzustreben, durch die diese Fürsorgeaufgaben leistungsfähigen Verbänden aufzuerlegen sind. Dies gilt vornehmlich von der Jugendfürsorge.

Printed by Libri Plureos GmbH
in Hamburg, Germany